Weitere Titel des Autors:

Rettet das Zigeunerschnitzel!

Empörung gegen den täglichen Schwachsinn

Peter Hahne

Finger weg von unserem Bargeld!

Wie wir immer weiter entmündigt werden

QUADRIGA

Dieser Titel ist auch als Hörbuch und E-Book erschienen

MIX
Papier aus verantwortungsvollen Quellen
FSC www.fsc.org
FSC® C014496

Originalausgabe

Umschlagmotiv: Olivier Favre
Gesamtgestaltung: fuxbux, Berlin
Gesetzt aus der Proforma
Druck und Einband: GGP Media GmbH, Pößneck

Printed in Germany
ISBN 978-3-86995-085-3

5 4 3 2 1

Sie finden uns im Internet unter www.quadrigaverlag.de
Bitte beachten Sie auch www.luebbe.de

Ein verlagsneues Buch kostet in Deutschland und Österreich jeweils überall dasselbe. Damit die kulturelle Vielfalt erhalten und für die Leser bezahlbar bleibt, gibt es die *gesetzliche Buchpreisbindung.* Ob im Internet, in der Großbuchhandlung, beim lokalen Buchhändler, im Dorf oder in der Großstadt – überall bekommen Sie Ihre verlagsneuen Bücher zum selben Preis.

Inhalt

Im Namen der Sicherheit: Schutz- statt Sprachpolizei!

Zur Jahresbilanz gehört auch immer die Kriminalstatistik. Was 2015 geboten wurde, ist erschreckend: Immer mehr Einbrüche! Alle vier Minuten ein »Bruch« in Deutschland, oft am helllichten Tage und in Anwesenheit der Bewohner. Eine Kollegin erlebte es, dass in ihrer Straße gleich drei Raubzüge in einem Monat stattfanden, weil sich die Banden ja nicht absprechen. Der klassische »Ede« machte noch einen Zinken, ein Geheimzeichen ans Haus. Heute kommen diverse fremde Banditen mit einem Transporter vorgefahren, sodass es Häuser mehrfach treffen kann. Das Schlimmste ist jedoch das Ergebnis einer Umfrage, nach der mehr als die Hälfte der Bundesbürger kein Vertrauen mehr in die Sicherheit hat und sich mehr vor dem Generalangriff auf ihr Allerprivatestes fürchtet als vor Terror. Dem Staat trauen die wenigsten. Ein Alarmzeichen! Der weiß nichts Besseres, als zu verkünden: Dann muss die Polizei mehr patrouillieren. Ja, was sollen die Beamten denn noch alles machen?! Das Beste wäre, endlich diesen Unsinn mit offenen Grenzen und der Political Correctness bei den Täterbeschreibungen aufzugeben.

Fragt man auf einer Pressekonferenz nach den Tätern, beginnt ein elender Eiertanz, es wird herumgeredet und an der Sache, und damit einem möglichen Fahndungserfolg, vorbei. Dasselbe war bis an die Grenze des Peinlichen zu beobachten, als der Kölner Polizeipräsident den arabischen Mob beschreiben sollte, der in der Silvesternacht

2015/16 direkt am Dom über mehr als 1 000 Frauen hergefallen ist. Die Zahl der Anzeigen lag bei über 800, doch manche Frauen trauen sich nicht an die Öffentlichkeit. – Der Polizeichef wand sich hin und her, vermutlich seine rot-grüne Aufsichts-Regierung drohend im Nacken, bis ihm ein »dem Aussehen nach wahrscheinlich aus dem nordafrikanischen Raum« entfuhr. Während der Bundesjustizminister (noch peinlicher) von »organisierter Kriminalität« sprach. Das ist reif für Diplome in Sprachkosmetik. Keine Rede vom Frauenbild junger arabischer Einwanderer! Die hessische Polizei musste sogar zugeben, sie habe Anweisung »von oben« (Innenminister), Kriminalität von Asylbewerbern zu verschweigen, bestenfalls zu beschönigen und Informationen nur auf ausdrückliche Nachfrage der Presse rauszugeben. In der *Bild am Sonntag* (10.1.2016) kommentierte ich unter großer Zustimmung des Leserechos: »Wahrheit ist immer noch die beste Waffe gegen Verschwörungstheorien. Die Vertuscher haben sich und den Opfern einen Bärendienst erwiesen und den falschen Leuten in die Hände gespielt.«

Nur unter vier Augen gibt's meist Klartext, weil der Schutz(!)polizei durch die politische Sprachpolizei Fesseln angelegt werden. Warum darf man denn nicht klar sagen, wenns doch der Fahndung und damit der Sicherheit hilft, dass es sich um einen dunkelhäutigen Mann oder eine auffallend blonde Frau gehandelt hat, dass der eine einen osteuropäischen Zungenschlag hatte und die andere friesisch oder schwäbisch sprach? Jeder weiß doch, dass die Einbrecherbanden meist aus Osteuropa kommen, über unsere völlig unkontrollierten Grenzen, wo man sich ja noch nicht mal die Mühe einer Passfälschung machen muss, zu ihren Raubzügen zum Beispiel in Berlin einfallen und schnell mit ihrer Beute wieder verschwinden. Das zu verheimlichen ist verdächtiger und für das Vertrauen in unseren Staat abträglicher, als es offen zu benennen. Die meisten Einbrüche finden deshalb in Autobahnnähe statt, Bonn ist ein Eldorado. Auch aus diesem Grund ist die Einbruchs-Kriminalität in Nordrhein-Westfalen mit dem dichtesten Straßennetz allein 2015 um 20(!) Prozent gestiegen. Das Verheerendste ist, die eigenen Bürger hinters Licht zu führen beziehungsweise den Eindruck zu erwecken, man würde etwas verheimlichen. Der Bundesinnenminister brachte es doch tatsächlich fertig, in der live übertragenen Pressekonferenz zur Absage eines Fußballländerspiels in Hannover auf die Frage der Gründe zu antworten: Das könne er nicht sagen, »weil es die Bürger verunsichern würde«. Wer bis dahin nicht verunsichert war, war es in dem Augenblick. Indem man der Polizei den Mund verbietet, wird auch der Bürger entmündigt. Er traut sich nicht mehr, die Wahrheit zu sagen.

Die Sprachkosmetik der politisch Korrekten war ja der Anlass meines Buches *Rettet das Zigeunerschnitzel*, sozusagen der Vorgänger des Buches, das Sie gerade lesen. Immer noch ein Bestseller! Bin ich denn Rassist, wenn ich in einem dringenden Fahndungsaufruf den mutmaßlichen Täter mit allem beschreibe, was der Fahndung dient? Bin ich Rassist, wenn ich mit großem Appetit das wunderbare Zigeunerschnitzel esse oder als Nachspeise in Österreich einen »Mohr im Hemd«? Das zu behaupten, ist so irre wie der Unsinn des Gender-Wahns. Die Literatur-Nobelpreisträgerin Herta Müller, selber aus Rumänien/Siebenbürgen stammend, gibt mir völlig recht, da es natürlich Zigeuner bis heute gibt, die auch stolz darauf sind und einen eigenen König haben. Oder eine souveräne Linken(!)-Abgeordnete und einzige Roma im Europaparlament, die es in der Illustrierten *Stern* sogar zur dicken Schlagzeile brachte: »Behaltet doch Euer Zigeunerschnitzel!« Weiter sagte sie: »Es gibt wichtigere Probleme.« Recht hat sie.

Wenn mehr als die Hälfte der Bürger kein Vertrauen mehr hat, dass der Staat ihnen Sicherheit gewährleistet und alles dafür tut, dann ist das ein Alarmzeichen. Einbrüche sind schon deshalb furchtbar (und ich unterstütze die Bundestagsinitiativen, die Strafe wegen »seelischer Schäden« der Opfer raufzusetzen), weil nicht nur Wertsachen gestohlen werden, sondern fremde Gruppen in meiner Wohnung stöbern, Schränke und Schubladen durchwühlen und damit das Privateste, was es nach deutschem Recht gibt, verletzen. Es wird Zeit, die Schönredner und Sprachpolizisten zum Schweigen zu bringen, die Polizei mit offenem Visier fahnden zu lassen – und dann allerdings auch Gerichte zu haben, die die Täter nicht mit kuscheliger Milde behandeln, sondern das Gesetz ausschöpfen, damit die verdiente Strafe dem Bürger signalisiert: Ihr könnt dem Rechtsstaat vertrauen.

Nie wieder Zinsen auf Erspartes!

Ach, was haben uns die Politiker doch alles wärmstens empfohlen, um für das Alter vorzusorgen. Nachdem Norbert Blüms legendärer Satz »Die Rente ist sicher!« durch seine Nachfolger ad absurdum kaputt-regiert wurde, riet man zur privaten Vorsorge. Nach der klugen Volksweisheit »Spare in der Zeit, dann hast du in der Not« sollte man am besten nach dem Vorbild der »Schwäbischen Hausfrau« nicht sein ganzes Geld verpulvern oder sich allein auf die allgemeine Rente verlassen, nein, lieber etwas auf die hohe Kante legen. Und solche Kante ist natürlich im 21. Jahrhundert nicht mehr der Sparstrumpf oder das Kopfkissen, vielmehr sind Lebensversicherungen, Aktien oder Sparkonten das Zauberwort. Heute kann man ernüchtert feststellen: Wer auf diese Weise spart und vorsorgt, ist der Dumme.

Die Europäische Zentralbank (EZB) druckt unablässig neues Geld, das schwache EU-Staaten wie Griechenland aus der Krise und vor allem wohl aus den Schlagzeilen bringen soll. Die Bürger werden wieder mal für dumm verkauft und entmündigt, weil parallel der Leitzins auf ein Rekordtief von 0,05 Prozent gesenkt wurde. Und dabei scheint es zu bleiben: Es gibt keine Zinsen mehr. Experten sagen: Nie mehr! Es wird nie wieder Zinsen geben, mit denen man für sein Alter vorsorgen kann. Im Gegenteil: Man muss Angst haben, dass einem nicht noch etwas genommen wird von dem, was man mühsam erspart hat. Deshalb: Finger weg von unserem Ersparten!

Dass selbst Lebensversicherer davon abraten, klassische Lebensversicherungen abzuschließen, ist ein deutliches Signal. Es kann nämlich sein, dass man später weniger ausbezahlt bekommt als man bei Vertragsabschluss einbezahlt hat. Allein Aktionäre profitieren von der EZB-Geldschwemme. Doch hatte man nicht immer wieder aus klugem Politikermund vernommen, man solle statt Börsenrisiko lieber auf die sicheren, klassischen Anlagemethoden setzen? Vor allem, wenns ums Alter geht. Alles heiße Luft, alles Lug und Trug. Von wegen sicher! Vielleicht hilft dann doch nur noch das altbewährte Kopfkissen. Auf jeden Fall wird einem immer klarer, warum man das Bargeld am liebsten abschaffen würde. Dann hätten die Eurokraten alles und der Bürger nichts – und die »Schwäbische Hausfrau« könnte in Rente gehen, die sie sich jedoch nicht mehr leisten kann. Was für eine Welt!

Der Unfug des Jahres

So sicher wie die Grippe im November oder das Amen in der Kirche ist das »Wort des Jahres«, das die Gesellschaft für deutsche Sprache jeweils im Dezember kürt. Da gibt es originelle, manchmal sogar witzige Wörter wie GroKo oder Wutbürger, aber auf jeden Fall sind sie politisch super korrekt. Diese feine Gesellschaft widmet sich der Pflege der deutschen Sprache, wie es offiziell heißt, und niemand tritt den Leuten zu nahe, wenn man sie als keineswegs konservativ bezeichnet. Anders der Verein deutsche Sprache, dessen Ehrenmitglied ich bin, weil auch ich mich für den Erhalt unserer schönen Sprache engagiere, die nicht zu einem denglischen Micky-Maus-Sprech verkommen darf. Aber sie darf auch nicht ideologisch verhunzt werden!

Denn für 2015 reichte es der »Gesellschaft« zwar nur zu einem uralten Begriff, weil er eben in aller Munde war, ein ganz normales Wort: Flüchtlinge. Doch dabei ließen es die »Experten« nicht bewenden, vermeintlich sprachpolizeilich korrekt machten sie ihr »Wort« gleich zum Unwort: »Flüchtling klingt für sprachsensible Ohren tendenziell abschätzig. Das liegt am Ableitungssuffix -ling. Es wird an Wörter angehängt, um eine Person zu benennen, die durch eine Eigenschaft oder ein Merkmal charakteristisch ist.« Meine Sensibilität reicht nur zur Erkenntnis: Wer keine Probleme hat, macht sich welche. Denn noch nie ist einem Normalbürger wie mir in den Sinn gekommen, dass ein Lehrling oder Schützling etwas Negatives ist. Oder eben ein Flüchtling.

Und macht es den Flüchtlingen nun ihr Leben leichter, wenn wir sie in Geflüchtete umtaufen, wobei wir dann ja noch zwischen Flüchtenden und Geflüchteten unterscheiden müssten. Das schöne alte Wort Lehrling ist doch ein Paradebeispiel. Aus dem aktiven Subjekt, der Persönlichkeit Lehrling, wurde ein passives Objekt: der zu belehrende Auszubildende. Mit dieser sprachkosmetischen Neuschöpfung glaubten Ideologen vor zwanzig Jahren, ein Bildungsproblem gelöst zu haben. Neues Etikett, und alles ist gut. Wie in der Werbung. So wurde dann aus der Putzfrau eine Raumpflegerin, man lasse sich das Wort mal auf der Zunge zergehen, und aus dem Hausmeister ein Facility-Manager. Lehrer kehren dagegen gerne zum Ursprungsbegriff Pädagoge zurück, wahrscheinlich aus Angst, der von ihnen selbst unterrichtete Bildungs-Notstands-Schüler käme beim Vergleich mit dem Briefkasten-Leerer ins Schleudern ... Allerdings ist Pädagoge immer ein guter Anknüpfungspunkt, Linke unter den Lehrern mit dem griechischen Grundwort zu ärgern. Es geht dabei nämlich keineswegs um kreatives Kuscheln mit hohem Spaßfaktor, sondern knallhart: Kinder führen, er-ziehen zum Ziel einer Herzens- und Verstandesbildung.

Menschen, Tiere, Perversionen

Im Hochsommer 2015 erlebte die Amerikanerin Rachel Jackson einen weltweiten Shitstorm, der sich gewaschen hat. Ein gigantischer Internet-Tsunami traf die 30-Jährige, nur weil sie es gewagt hatte, die Frage nach dem Wert des Lebens zu stellen. Gerade war der Kult-Löwe Cecil des Hwange Nationalparks in Zimbabwe von einem US-Zahnarzt auf dessen Jagdsafari erschossen worden. Weltweite Empörung war die Folge, ein Personality-Eintrag bei Wikipedia mit Geburts- und Todestag des Tieres, eine Erinnerungsseite auf Facebook mit Millionen von Einträgen rund um den Globus. Es herrschte nicht Staats-, sondern Welttrauer. Rachel Jackson postete daraufhin das Foto eines hungernden Kindes, zusammengekauert in der afrikanischen Steppe, im Hintergrund sitzt ein Geier, aufgenommen bei der Hungersnot im Sudan. Daneben der Text: »Es ist seltsam, dass sich die Massen über Tiere aufregen, aber sterbende Babys ihnen egal sind.«

Die Reaktionen in den »sozialen Medien«, die für mich wegen ihrer permanenten und perversen Hetzkampagnen besser »asoziale Medien« heißen müssten, gingen bis zu Morddrohungen und einer unvorstellbaren Fäkalsprache. Nicht anders erging es dem Zahnarzt: »Für so eine Spezies

Mensch sollte man die Todesstrafe wieder einführen«, meinte einer im Internetforum. Oder: »Du mieses dreckiges Schwein, dir wünsche ich ein kurzes Leben.« Der Todesschütze wurde derart an den digitalen Pranger gestellt, dass er mit seiner Frau untertauchen musste.

Beim US-Fernsehsender CNN hatte es nach dem gewaltsamen Tod des Löwen im fernen Zimbabwe »Breaking News« gegeben. Dass in Afrika täglich Tausende Kinder jämmerlich verhungern und 232 Millionen Menschen laut Welthungerhilfe nicht einmal das Nötigste zu essen haben, juckt kaum jemand. Klar, ein paar Spenden – aber weder eine Unterbrechung des TV-Programms noch Kondolenzlisten bei Facebook. »Täglich werden wir mit so vielen Schreckensmeldungen bombardiert, dass wir keinen zuverlässigen Maßstab mehr haben, was wirklich schlimm ist«, meint die Philosophin und Moralexpertin Rebekka Reinhard. An hungernde Kinder in Afrika seien wir gewöhnt. Beim Löwen Cecil sind Gut und Böse für jeden erkennbar deutlich, es ist geradezu »eine willkommene Abwechslung in unserer hochkomplexen Welt«.

Man kann es auch mit Klartext sagen: Uns ist jede Form von Ethik und Moral abhandengekommen, jeder Maßstab für das wirklich Gute und Böse. Wir vergötzen Tiere bis hin zu Luxusbegräbnissen und schalten im Fernseher um, wenn die Nahsicht auf das Elend hungernder oder misshandelter Kinder gelenkt wird. Es wird völlig zu Recht in Deutschland ein Schlachtverbot für trächtige Kühe gefordert, weil die ungeborenen Kälbchen dabei qualvoll ersticken, ein Prozess von zwanzig Minuten. Aber ich finde es pervers, dass nicht genauso konsequent bei (Spät-)Abtreibungen gehandelt wird. Der stumme Schrei der ungeborenen Kinder darf uns doch nicht kalt lassen! Eine radikal-feministische Femen-Aktivistin aus Brasilien hat zur Jahreswende 2015/16 eine spektakuläre »Bekehrung« in dieser Frage erlebt, die Meldung der Evangelischen Nachrichtenagentur IDEA stand in vielen Zeitungen. Sara Fernanda Giromin hatte sich Anfang 2014 halb nackt an ein Kreuz binden lassen, eine Dornenkrone auf dem Kopf, um vor der Marienkirche von Rio de Janeiro für die Legalisierung der Abtreibung zu demonstrieren. Nun bittet sie die Christen um Vergebung, weil die Abtreibung ihres eigenen Kindes, wozu Femen-Freundinnen sie gedrängt hatten, »ein Loch in meinem Herzen ist, was ich heute zutiefst bereue«. Die im Shitstorm verzweifelte Rachel Jackson tickerte resigniert ins Internet: »Können wir uns wenigstens darauf einigen, dass es besser gewesen wäre, der Zahnarzt hätte sein Safari-Geld für hungernde Kinder ausgegeben?!« Das Lebensrecht gilt für Tiere *und* Menschen. Wer sich für Tierschutz einsetzt und keinen Blick für ungeborene oder (ver-)hungernde Kinder oder pflegebedürftige Alte hat, bei dem stimmt irgendetwas nicht. Unsere Kühlschrank-Gesellschaft droht Maß und Mitte zu verlieren.

Maßlose Manager und eine geistvolle Geschäftsfrau

Das hatte ich nun wirklich nicht erwartet. Nach dem VW-Skandal vom Herbst 2015 hatte ich Deutschlands älteste aktive Autohändlerin in meine Sendung eingeladen. »Was haben Sie gedacht, als Sie hörten, dass VW mit krimineller Energie bei Millionen von Dieselfahrzeugen den Abgasausstoß manipuliert hat?«, war meine erste Frage. Da nahm die 84-jährige Fritzi Bimberg-Nolte, Chefin von neun Autohäusern in Westfalen, einen Kieselstein aus der Tasche und legte ihn auf den Moderationstisch. »Den trage ich seit Jahrzehnten bei mir; ich habe ihn aus einem Gottesdienst mitgenommen, in dem der Pastor über den Bibelvers aus Johannes 8, Vers 7 gepredigt hat: ›Wer ohne Sünde ist, der werfe den ersten Stein.‹ Das gilt auch jetzt im Fall VW.« Wummmms, damit hatte ich nicht gerechnet. Und die weise, lebenserfahrene Frau doppelte sogar noch nach: »Der Konzern hat um Verzeihung gebeten und will alles wiedergutmachen, deshalb vergebe ich.« Am nächsten Tag war das die Titelzeile in der Presse: »Autohändlerin vergibt VW.«

Und was macht der Wolfsburger Weltkonzern? Statt den Worten Taten folgen zu lassen, geht fast alles so weiter wie bisher. Der geschasste Chef Martin Winterkorn wird mit dem »Goldenen Handschlag« verabschiedet: 94 000 Euro Rente im Monat, vierundneunzigtausend! Das ist einfach unanständig und pervers, auch wenn es der Rechtslage entsprechen mag. Dann kam raus, dass die Konzernzentrale sich quasi einen eigenen Flughafen und eine eigene Flotte hält: Zehn (!) firmeneigene Jets können jederzeit von Braunschweig aus starten, um die leitenden Leute zum Wochenende nach Hause oder in den Urlaub zu fliegen. Die größte Maschine ist der Airbus ACJ319, Kaufpreis satte 70 Millionen Euro. Würde man diesen Firmenjet chartern, kostete die Flugstunde 22 000 Euro! Ein Zeichen wäre es gewesen, diesen Luxus stante pede abzuschaffen. Aber doch nicht bei VW, wo zu Firmenpartys mal eben Millionen teure Showstars wie Robbie Williams oder Lenny Kravitz eingeflogen werden. Während die Belegschaft um die Arbeitsplätze bangt, wird fröhlich weitergemacht, als wäre nie etwas gewesen.

Mir tun aufrechte Leute wie Fritzi Bimberg-Nolte leid. Sie hätte auch sagen können, dass sie sich betrogen fühlt und den unverschuldeten Skandal nun ausbaden muss, weil die Kunden bei ihr und nicht bei der Konzernzentrale Dampf ablassen – und die Nachfrage nach einem VW erst mal eingebrochen ist. Diese geistvolle Geschäftsfrau tut das nicht. Wenn ich VW wäre, hätte ich ihre Vergebung als Anzeige geschaltet und feierlich erklärt, dass man nun auf alle Privilegien, wirklich alle, verzichtet und die Betrüger bestraft. Nichts dergleichen! Meine Oma lebte nach dem Leitspruch: »Das gehört sich nicht!« Das scheint selbst Manager von Pleitefirmen oder gescheiterte Chefs wenig zu jucken. Wie pervers muss ein Denken und wie unanständig eine Haltung sein, dass man keinerlei Gespür mehr für Maß und Mitte hat. Kein Wunder, wenn Bürger sich von unserem System abwenden oder die Volkspartei der Nichtwähler immer größer wird.

Von Scharia-Polizei und Sonntags-Reden

Ich traute meinen Ohren nicht und dachte erst an eine Satire, als eine Kollegin, die auch noch als politische Korrespondentin des Senders benannt wurde, im Radio fröhlich vor sich hin plapperte, wie harmlos doch alles sei: »Da trifft man sich mit den Familien zu einem Mittagessen, alles wird besprochen und geregelt, und alles ist wieder im Lot.« Was die dämliche Dame, entweder unbedarft oder bewusst schönfärberisch (was beides eine Katastrophe für ein öffentlich-rechtliches Massenmedium ist!) beschrieb, ist in Wahrheit knallharte Paralleljustiz. Sie kommentierte nämlich eine Studie des Berliner Senats, nach der es vielfach eine eigene Justiz unter Muslimen, vor allem der großen Familien-Clans, gibt. Im Land des Grundgesetzes machen die sich ihre Gesetze einfach selbst, nach denen »Recht« gesprochen wird. Die Scharia-Polizei lässt grüßen. Was jene Radio-Reporterin mit »alles im Lot« bezeichnet, kann zum Beispiel die Zwangsverheiratung eines Mädchens in den anderen Clan bedeuten, das Einschließen in die Wohnung, während der Mann zur Arbeit ist, die Verschleierung oder eben den Ehrenmord. Der Skandal: Jeder Kundige weiß, was los ist, und das seit vielen Jahren. Aber die Multi-Kulti-Polit-Correctness hat die Sinne vernebelt. Das denkwürdigste Interview meiner Talksendung am Brandenburger Tor war im Jahr 2010 gleich das erste, das jedoch nie ausgestrahlt wurde: Ich hatte die großartige Berliner Jugendrichterin Kirsten Heisig zu Gast, die völlig unbefangen und ohne ein Blatt vor dem Mund diese Paralleljustiz schilderte und geißelte.

Reiche Familien-Clans besorgen die besten Anwälte oder treten als Entlastungszeugen auf, obwohl sie gar nicht dabei waren. »Wir wissen, dass die lügen, aber wir können es nicht nachweisen«, meinte Frau Heisig verzweifelt. Dazu kämen Politik, Kirchen, Gesellschaft, die das alles nicht sehen wollen, die das als Ausnahmen kennzeichnen, verharmlosen, beschönigen und beseelt ihren Karneval der Kulturen feiern. Wenige Tage nach dem aufgezeichneten Interview fand man Frau Heisig tot im Grunewald, offenbar Selbstmord. Aus Respekt haben wir das Filmband vernichtet. Doch seitdem lasse ich mir von niemandem vormachen, wie toll das alles mit den grundgesetz-treuen Muslimen sei.

Sie nennen sich dann wohlklingend Friedensrichter, die nach eigener Gesetzgebung handeln. »In manchen Ecken der Stadt herrscht ein Klima der Angst. Der Rechtsstaat hat die Kontrolle verloren. Selbst die Polizei traut sich nicht mehr, einzugreifen«, beklagt Neuköllns legendärer Bürgermeister Heinz Buschkowsky (SPD). Ein Bankrott unseres Staates zu Lasten meist von muslimischen Frauen. Doch die kirchlich-politisch-beseelten angeblichen Frauenrechtlerinnen schert das wenig. Sie lassen sich ihr Wolkenkuckucksheim-Weltbild nicht nehmen. Der eigentlich nicht als naiv bekannte Berliner Justizsenator verkündete obendrein, dass »institutionelle Scharia-Gerichte« nicht bekannt seien. Ja, wartet der denn darauf, bis die eine Adresse und einen Betriebsrat haben?! Nein, die regeln das eben mal so beim Mittagessen, wie jene Radio-Dame plapperte. Nur dass da nicht Onkel und Tante mit Oma und Enkel um den Tisch sitzen, sondern archaisch-patriarchalische Großfamilien mit organisierter Kriminalität und islamischem Fundamentalismus hinter verschlossenen Wohnungstüren. Verschlossen auch nur für den Hauch dessen, was unsere freiheitlich-demokratische Leitkultur in Deutschland ist.

Das Schlimmste, so berichtet Buschkowsky, sei ihm auf einer Tagung passiert, wo offen über die Hintergründe sehr milder Urteile unserer Gerichte gegenüber Muslimen gesprochen wurde: »Auch Richter haben Angst um ihre Familien.« Dasselbe gilt für Polizisten. Ein lapidarer Satz, ein Bankrott für unser System. Wahnsinn, was unser Staat in seinem »Der Islam gehört zu Deutschland«-Sonntags-Reden-Gesäusel alles seit Jahren und Jahrzehnten duldet. Man sollte der unerschrockenen Kirsten Heisig ein Denkmal setzen! Mir sind persönlich viele Muslime bekannt, die dankbar sind, dass diese mutige Frau den deutschen Leisetretern und den islamischen Hardlinern klare Kante gezeigt hat. Denn die meisten bei uns lebenden Muslime sind selber entsetzt, was im Land des Grundgesetzes so alles geduldet wird – wider bessere Erkenntnis. Aber auch sie prallen an den beseelten Beschönigern ab. Dass sich unsere Justiz von Scharia-Clans entmündigen lässt, ist der eigentliche Skandal.

Sehr geehrter Herr Präsident Erdogan ...

... Sie sind ja ein Verfechter alter Traditionen. Eine Tradition von uns Deutschen ist der Weihnachtswunschzettel ans Christkind. Sie sind zwar weder Christ noch Kind, aber ich versuche es dennoch:

Ich wünsche mir, dass Sie mal einen Blick in unser Grundgesetz werfen, das unter dem Eindruck der schrecklichen Nazi-Diktatur entstanden ist. So etwas sollte sich nie wiederholen, deshalb haben die Mütter und Väter unserer Verfassung neben der Präambel »in Verantwortung vor Gott« die garantierte Menschenwürde, die Gleichwertigkeit von Mann und Frau, die Presse- und Meinungsfreiheit und die Gleichheit vor dem Gesetz festgelegt. Klar, wir Deutschen spielen uns oft als moralische Weltpolizei auf, aber in Sachen Demokratie macht uns keiner was vor.

Haben Sie eigentlich Angst vor Ihren eigenen Bürgern? Ich finde es unsouverän, wie Sie unliebsame Demonstranten niederprügeln und kritische Journalisten einsperren lassen. Jetzt hetzen Sie sogar Ihren Geheimdienst auf unsere türkischen Mitbürger, die Sie doch im Wahlkampf immer so gerne besuchen. Wovor haben Sie eigentlich Angst?

Kommen Sie doch mal anonym für ein paar Tage nach Deutschland und erleben Sie, wie wohl sich die meisten Einwanderer hier fühlen: Frauen können zum Beispiel ihre Männer, Schulen und Berufe frei wählen. Es kann doch nicht sein, dass das einzig Demokratische in Ihrem Land Türkei Ihre Wahl ist, oder? Dann wird's nichts mit Europa. Oder wollen Sie da gar nicht mehr hin? Dann müssen Sie auch Christen mehr Freiheit geben. Das wünsche ich mir von Ihnen – gerade zu Weihnachten.

(Bild am Sonntag, Weihnachten 2015)

Von Crossdresser*innen, cis-Männern und den Jusos

Es gibt Texte, die lese ich am liebsten laut. Das können besinnliche Geschichten sein, die auf diese Weise ganz anders »zum Klingen kommen«. Oder absurde Texte, die erst beim Rezitieren ihren »Loriot-haften« Charakter so richtig entfalten. Zu letzterer Kategorie zählt eine Pressemitteilung der SPD, die zu ihrem Bundesparteitag im Dezember 2015 einen Antrag der Jusos verbreitete. Was ich nie für möglich gehalten hätte: Die einst stolze Volkspartei von Willy Brandt und Helmut Schmidt, Schutzpatronin der Arbeiterschaft, übertrifft fast noch die Grünen in ihrem Gender-Wahn. Während die Grünen keine anderen Sorgen haben, als mitten in der größten Flüchtlingskrise mit der Not, feste Unterkünfte für den Winter zu finden, allen Ernstes gesonderte Transgender-Zelte zu fordern, toppt die SPD-Nachwuchsorganisation den Schwachsinn noch.

Die Jusos wollen künftig »Sonderrechte für Transsexuelle, Trans*gender, Agender, Genderless, Bigender, Polygender, Drags und Crossdresser*innen« durchsetzen. Zehn Antragsseiten werden wie zu allerbesten Loriot-Zeiten mit diesem kabarettreifen Gender-Stuss gefüllt. Nebenbei bemerkt: Fällt diesen von Bildung unbeleckten Polit-Babys gar nicht auf, wie peinlich es gerade für Deutsche ist, Menschen wieder mit Hilfe von Sternen zu deklarieren und zu separieren ... Herr, schick Hirn! Künftig soll man Vornamen und Personenstand mehrfach und nach Belieben ändern können, ohne sich untersuchen und begutachten zu lassen. Und man soll bei einer eventuellen Haftstrafe selber entscheiden dürfen, ob man im Frauen- oder Männergefängnis einsitzen muss.

»Trans*menschen«, die sich mit ihrem Geschlecht nicht wohlfühlen, sollen von »cis-Männern« und »cis-Frauen« getrennt aufs Klo gehen dürfen. Man muss demnach vor jedem Gang auf die Toilette einen Psychologen aufsuchen, oder? Zumindest braucht man einen Toilettenratgeber, für dessen Papier unschuldige Regenwälder sterben müssen. Bereits bestehende Toiletten sollten laut Parteitagsantrag in »All-Gender-WCs« umgewandelt werden. Ich schlage vor, auch noch Extraklos für Hirnfreie zu bauen – wobei mir dieser ganze Antrag ohnehin so vorkommt, als stecke die Lobby der Bauindustrie dahinter. Die Jusos als Kapitalisten-Förderorganisation, das sollte einem zu denken geben. Und da man bei dem ganzen Wahnsinn ohne Lexikon nicht auskommt: cis steht im Lateinischen für Diesseits und bezeichnet im Sinne des SPD-Antrags alle, die man gemeinhin »Normalos« oder Heteros nennt. Die sollen, auch das müsse künftig geregelt und beachtet werden, ihre Epilation (zu Deutsch: Körperenthaarung) von der Krankenkasse bezahlt bekommen und bei der Polizei wählen dürfen, ob Frau oder Herr Polizist sie durchsucht. Vielleicht sollte die Krankenkasse erst mal den Antragstellern mit einem Anti-Genderitis-Mittel helfen.

Aber das ist noch nicht alles: Der Parteitagsantrag fordert auch »Frauenrückzugsräume«, in denen Frauen Schutz finden »vor cis-Männern, die nur so tun, als wären sie Trans*menschen«. O-Ton Antrag, bitte, immer laut lesen: »Nötigenfalls müssen All-Gender- und cis-Frauen-Schutzräume getrennt angeboten werden.« Herr, erbarme dich! Zur Krönung des Schwachsinns dienen Wortschöpfungen wie Verbraucher*innenschützer*innen oder Bürger*innen*meister*innenkandidat*innen. Alles auf unsere Steuergelder! Und in den Schulen unserer Kinder rieselt der Kalk wegen Geldmangels von der Decke. Mehr Entmündigung geht nicht.

Da fällt mir der Präsident des Deutschen Lehrerverbandes, Josef Kraus, ein, der mir auf die Frage, warum Deutschland im PISA-Test so mittelmäßig abschneidet, antwortete: »Unseren Bildungsnotstand erkennen Sie an zwei Zahlen: Wir haben 120 Lehrstühle für alte Sprachen wie Griechisch und Latein (die jeder Arzt oder Pfarrer kennen muss), dagegen rund 200 Lehrstühle für Genderstudien.« Und diese Damen geben dem ideologischen Humbug den Anschein der Wissenschaftlichkeit. Armes Deutschland! Mir fehlt jeglicher Respekt vor Hochschullehrern wie Biologen oder Philosophen, die sich diesen Unsinn an ihren Universitäten schweigend gefallen lassen.

Und ganz nebenbei: Diesen Wahnsinn debattierten die Jusos, als gerade 1 200 deutsche Soldaten, Frauen und Männer meist im Juso-Alter, in den lebensgefährlichen Kampf gegen den Islamischen Staat (IS) geschickt wurden und die Welt dabei war, den brutalen Terroranschlag von Paris mit mehr als 150 Toten zu verarbeiten. In einem Leserbrief zu dieser Juso-Genderitis heißt es: »Ich habe gerade so einen Hals. Draußen brennt die Welt, und die Parteien haben keine anderen Probleme. Kein Wunder, wenn immer weniger Bürger wählen gehen.«

Der Kippen-Kampf von Paris

Ausgerechnet Paris! Chapeau, kann ich da nur sagen! Hut ab vor den Franzosen, denen ich das am allerwenigsten zugetraut hätte. Singapur und New York lassen grüßen. Als ich zum ersten Mal in Singapur war, wunderte ich mich über diese blitzsaubere Stadt. Die Millionen-Metropole war wie aus dem Ei gepellt. Nirgends Müll auf den Straßen, keine Hundehaufen auf den Bürgersteigen, keine Graffiti an den Wänden. Ein richtig angenehmes Gefühl, durch eine solche Stadt zu wandern. Ganz anders bei uns, wo manche Straßen so aussehen, als hausten hier Vandalen. Überall Abfallbehälter, doch niemand schert sich darum, jeder lässt einfach zu Boden fallen, was er gerade loswerden will: Zigarettenkippen, Bonbonpapier, Taschentücher ... Und an Bushaltestellen und in Parks türmen sich Flaschen und Dosen. Als ich eine ältere Dame aufforderte, diesen ekligen Haufen wegzumachen, den ihr frisch frisierter Pudel gerade auf den Bürgersteig gesetzt hatte, musste ich mir doch tatsächlich anhören, ich hätte wohl was gegen Tiere – und im Übrigen bezahle sie Steuern für den Hund. Wie bekloppt ist das denn?!

Dem schiebt Paris jetzt einen Riegel vor. Künftig wird jede Verschmutzung und Verschandelung von öffentlichem Eigentum, ähnlich wie in Singapur, hart bestraft. Kostenpunkt 68 Euro für die kleinen Frevel des Alltags, ob für einen weggeworfenen Zigarettenstummel oder die hündischen Tretminen auf dem Trottoir. Der Betrag tut richtig weh, ist aber für die Stadtverwaltung wohl der einzige Weg, die Müll-Bürger zur Räson zu bringen. Wo Mini-Strafen und Ermahnungen nichts nützen, hilft nur der eiserne Besen, da muss eben die Kassen-Keule her. Im Laufe weniger Wochen hat sich das Bild der Straßen und Plätze schlagartig verändert. Und selbst Kritiker stellen fest: Es lebt sich doch viel schöner in einer sauberen Stadt. Und wenn zum Wohlfühleffekt noch eine volle Bußgeldkasse kommt, dann sollten deutsche Städte dem Vorbild folgen und den Kampf gegen Kippen und anderen Unrat entschlossen aufnehmen. Vive la France!

Die EDEKA-Evangelisation

Manchmal graut es mir vor dem Heiligen Abend. Da sind die Kirchen proppenvoll von Menschen, die nur zum Weihnachtsfest ihren obligatorischen Jahresbesuch abstatten, was man schon am schwachen Gesang oder der Unbeholfenheit beim Aufsteh- und Hinsetzritual erkennt. Doch das ärgert mich nicht, denn die Leute kommen ja und haben Sorgen, Einsamkeit und Stress im Gepäck – und meist auch große Erwartungen. Mich ärgert, wie wenig aus Sehnsucht Erfüllung wird. Jetzt wäre die im wahrsten Wortsinn einmalige Chance für einen Pfarrer, dem Rat von Dietrich Bonhoeffer zu entsprechen. Der Märtyrer des Dritten Reiches, der viele Theologen geprägt hat und selbst angesichts des Henkers noch dichten konnte »Von guten Mächten wunderbar geborgen«, gab seinen Studenten mit auf den Weg: »Predige so, als ob die Leute es zum ersten Mal hören oder zum letzten Mal.« Das heißt: Die Botschaft muss bei aller Herzlichkeit eindringlich und eindeutig sein. Ich will weder »Tagesschau auf der Kanzel« (Helmut Schmidt) noch politische Rezepte.

Wo Kirche draufsteht, muss Bibel drin sein – und nicht die Partei-Ergüsse eines Pastors. Kirche soll das bieten, was sie konkurrenzlos wichtig macht: Hoffnung über den Tod hinaus. Nicht nur Gefühl für Stunden, sondern Kraft zum

Leben. Für alles Weitere haben wir die Krankenkasse, das Rote Kreuz oder die Gewerkschaft. Wer als Pastor Politik will, soll in die Politik gehen. Doch das wäre ja mit dem Risiko einer Wahl und der Nebenwirkung von Verantwortung verbunden ... Wohlfeile Appelle kosten nichts. Außer, dass die Leute bei solch einer Theologie der leeren Kirchenbänke lieber zu Hause bleiben oder die Kirchen massenweise verlassen.

Weihnachten ist Historie, die ans Herz geht. Keine Geschicht*en*, sondern Geschicht*e*: Gott kommt in Jesus Christus in diese Welt, um Heidenangst in Christusfreude zu wandeln. Jesus wird später nur eine Lebensbotschaft haben: Kehrt um, lasst euch versöhnen mit Gott, kommt heim zum Vater! Doch diese Einladung kommt selten von der Kanzel. Als habe der Weihnachtsengel damals über Bethlehem ausgerufen »Siehe, ich verkündige euch große Probleme!« statt »große Freude«, wird das »einmalige« Publikum durch das Jammertal dieser Welt geführt und mit Appellen beglückt.

Ganz anders EDEKA! Zu Weihnachten 2015 schaltete die Supermarktkette eine TV-Werbung mit dem Motto: »Es ist Zeit heimzukommen!« Dieser Spot ist eins zu eins die Botschaft von Weihnachten. Ein alter Mann, der von seinen Kindern nur noch selten besucht wird, erlebt in der Adventszeit eine riesige Enttäuschung: Er muss auch diesen Heiligabend alleine verbringen, weil keins seiner Kinder mit Familie zu Besuch kommen will. Alle sagen seiner Einladung ab, sie sind viel zu beschäftigt, um mit ihrem alten Vater das Christfest zu feiern. Da schmiedet er einen Plan: Er verschickt Todesanzeigen. Die Kinder sind schockiert und schämen sich, ihren Vater so vernachlässigt zu haben. Sie eilen, tief schwarz gekleidet, ins Elternhaus, um die Beerdigung des Vaters vorzubereiten. Doch der empfängt die völlig verblüfften Familien quicklebendig mit einer reich gedeckten Festtafel. Aus Verzweiflung über seine Einsamkeit und aus Sehnsucht nach seinen Kindern und Enkeln hat er zum letzten Mittel gegriffen.

Eine Geschichte, mitten aus dem Leben. So ist das eben, wenn alle eingespannt und angespannt sind und keine Zeit mehr selbst für nächste Verwandte oder Freunde haben. So mancher fühlt sich von diesem Werbespot ertappt, auch ich. Doch die andere Ebene ist auch eine Werbebotschaft, allerdings aus einer ganz anderen Dimension: Wenn man für den Vater im Film Gott einsetzt, dann ist dies Weihnachtsevangelium pur: Gott will nicht allein sein, er will uns Menschenkinder bei sich haben. Wir aber setzen andere Prioritäten, schaffen uns Götter und Götzen.

In Jesus Christus, dem Kind in der Krippe und dem Mann am Kreuz, lädt er uns noch mal ultimativ ein. Wenn wir ihm begegnen und Gemeinschaft haben, ist Freude auf beiden Seiten, denn »es wird Freude sein im Himmel über einen, der umkehrt« (so die Bibel). Über 50 Millionen haben diesen EDEKA-Spot im Internet angeklickt, mehr als je in Deutschland Weihnachtsgottesdienste besuchen. Gut so, denn auf die Botschaft kommt es an! Das ist »Lebensevangelisation« (Papst Franziskus), die Herz und Verstand ergreift.

Armes Deutschland

Sie ist eine Institution fast wie der Papst. Nur dass der immer wieder wechselt, während sie bereits eine gefühlte Ewigkeit im Amt ist und manchen Papst überlebt hat: die Queen. Im Juni 2015 kam die britische Königin Elizabeth II. wieder mal zum Staatsbesuch nach Deutschland. Sie hat bisher alle (!) unsere Kanzler und Präsidenten überlebt, und wieder war allseits zu hören: Die Engländer sind um diese Frau zu beneiden. Und Deutschland mit König, das hätte doch was. Entsprechend der Jubel, wo immer sie auftrat. Berlin, Frankfurt, Celle – die Städte putzten sich raus, selbst die emanzipiertesten Damen hatten den Hofknicks geübt und sogar linke, ach so republikanische Spitzenpolitiker kamen vor lauter Ehrfurcht ins Schwitzen. Die Queen ist eben ein Unikat der Zeitgeschichte.

Einzig der sonst so geschätzte Bund der Steuerzahler hatte da wohl etwas missverstanden. Kleinkariert mäkelte man über die Kosten für den Aufenthalt Ihrer Majestät. Man hätte es wohl am liebsten mit dem unsäglichen Wort »Unkosten« beschrieben, was ja immer nach unnötig, überflüssig und verschwenderisch klingt. Wie ein Provinzbuchhalter rechnet das »Schwarzbuch« des Steuerzahlerbundes penibel mit spitzem Bleistift auf: 12 900 Euro für Blumen und Staatsbankett; 4 000 Euro für Notarzt und Rettungstransporter, falls der 89-jährigen Monarchin etwas zustößt; 16 000 Euro für zusätzliche Polizisten; 34 200 Euro für Beflaggung und rote Teppiche und schließlich 207 000

Euro für den Airbus 340, der die Queen mit Bundespräsident Joachim Gauck von Berlin nach Frankfurt/Main brachte, inklusive die Eskorte durch Eurofighters. Fehlt nur noch die Anzahl der Klopapierrollen oder der Wasserverbrauch der Queen.

Armes Deutschland, das in den protokollarischen Selbstverständlichkeiten eines wichtigen Staatsbesuches einen gravierenden Sündenfall sieht. Es gibt Gelegenheiten, wo sich das Pfennigfuchsen verbietet. So würde es selbst die viel zitierte »Schwäbische Hausfrau« sehen. Und die Queen, sollten ihr die Peinlichkeiten je zu Ohren gekommen sein, wird an ihre schottischen Untertanen denken, die in Sachen Sparsamkeit die deutschen Schwaben noch weit hinter sich lassen. Ich selber bin, um es mit Elizabeth zu sagen, »not amused« über diese pingelige Kleingeisterei, die etwas vom Muff deutscher Amtsstuben hat.

Klartext statt Kauderwelsch, Position statt Politsprech

Es war an einem Mittwoch im September 2015. Und es ist für mich eine Sternstunde unseres Parlaments. Nur eine kleine Bemerkung, von vielen überhört. Aber die hatte es in sich. Bundestagspräsident Norbert Lammert unterbrach die Rede des Bundesinnenministers und ermahnte Thomas de Maizière, doch bitte in verständlichem Deutsch zu sprechen. Der hatte gerade mit Blick auf die Flüchtlingspolitik und den dramatischen Zustrom Richtung Deutschland von »Push- oder Pull-Effekten« gesprochen, ohne das näher zu erklären. »Diese englischen Wörter verstehen viele nicht«, kritisierte Lammert, »und das ist nicht im Sinne der öffentlichen Verständlichkeit.« Bingo! Das saß.

Platte Parolen sind nämlich genauso falsch wie das komplizierte Kauderwelsch, das oft nur dazu dient, Unbequemes zu kaschieren. Politiker sind darin Weltmeister, und ihr Paralleluniversum hält ein wahres Arsenal von Politsprech bereit. Obwohl uns Bürgern in jedem Wahlkampf Entbürokratisierung versprochen wird, liest sich eine aktuelle Anordnung der Finanzbehörden so: »Der Vorläufigkeitsvermerk hinsichtlich der Nichtabziehbarkeit von Beiträgen zu Rentenversicherungen als vorweggenommene Werbungskosten stützt sich auch auf § 165 Abs. 1 Satz 2 Nr. 4 AO und umfasst deshalb auch die Frage einer eventuellen einfachgesetzlich begründeten steuerlichen Berücksichtigung.« Reif für die Anstalt! Man muss sich das mal auf der Zunge zergehen lassen! Von der »Steuererklärung auf dem Bierdeckel«, für die der verstoßene CDU-Spitzenpolitiker Friedrich Merz hochkompetent eingetreten ist, keine Spur mehr. Oder verstehen Sie diesen Stuss, ein Auszug aus den Erläuterungen zum Steuerbescheid: »Soweit die Vorläufigkeitserklärung die Frage der Verfassungsmäßigkeit einer Norm betrifft, ist sie außerdem nicht dahingehend zu verstehen, dass die Finanzverwaltung es für möglich hält, das Bundesverfassungsgericht oder der Bundesfinanzhof könne die im Vorläufigkeitsvermerk angeführte Rechtsnorm gegen ihren Wortlaut auslegen.« Da kann man nur noch mit Galgenhumor nachdoppeln: Wir schaffen das!

Das Schlimmste aber sind diese völlig überflüssigen Anglizismen, die dann oft noch – als Spiegel unseres Bildungsnotstandes – in Denglisch dargeboten werden, jener fatalen Mischung aus Deutsch und Englisch. Es ist zum Beispiel lächerlich, wenn in einem Gebäude, über dem der Schriftzug »Deutsche Bahn« prangt, drinnen von Countern, Tickets und Meetingpoints die Rede ist. Warum nicht schlicht und ergreifend Schalter, Fahrkarten und Treffpunkte? Oder ist das zu banal? Klar, Facility-Manager klingt besser als Hausmeister, Raumpflegerin bedeutender als Putzfrau und Sales weltläufiger als der biedere deutsche Schlussverkauf. Natürlich klingt Zukunftsprogramm besser als Steuererhöhung, ist jedoch ein durchschaubarer Etikettenschwindel, der die Politiker-Verdrossenheit noch verstärkt.

Die Politik hat sich eine floskelhafte Sprache angewöhnt und wird nur noch von »Insidern«, also Eingeweihten verstanden. Solches Parallelsprech kennen wir von Ärzten, die eine schwere Diagnose lieber in lateinische Vokabeln fassen als in deutschen Klartext. Natürlich in der Hoffnung, dass niemand nachfragt. In vielen politischen Reden werden einem Worte um die Ohren gehauen, die kabarettreif sind: Leistungsanpassungsänderungsgesetz zum Beispiel, Wortungetüme, bei denen man zwischendurch Luft holen muss. Lammert sagte zu Recht: Die meisten Menschen verstehen gar kein Englisch, vor allem nicht Fachchinesisch wie »Push- und Pull-Effekte«. Schon allein durch die Sprache entfremdet sich die Politik ihren Bürgern. Von vielen ist das sogar gewollt, denn Ungefähres klingt nicht so gefährlich wie verständlicher Klartext. Diesen Klartext können nur wenige Politiker. Sie kommen ohne die Girlanden des Pseudo-Intellektuellen aus, verzichten auf überflüssige Fremdwörter und wichtigtuerisches Denglisch. In Umfragen sind sie meist die Beliebtesten. Einer von ihnen heißt Wolfgang Bosbach.

Sie reden eben wie ein Volksvertreter. Als solche sind sie nämlich gewählt. Es gibt ein Bürgerrecht auf Verständlichkeit. Wer das nicht kann oder sich bewusst nicht daran hält, sollte einen anderen Beruf wählen, statt sich (wieder) wählen zu lassen. Das Volk hat ein Recht darauf, diejenigen zu verstehen, die seine Geschicke leiten.

Blatter macht auf Nordkorea

Noch-FIFA-Chef Sepp Blatter ist wohl der Mann mit dem größten Sitzfleisch der Welt. Mister Pattex klebt an seinem Stuhl, obwohl er doch schon zurückgetreten ist. Solange die Korruptionskrise schwelt und kein Nachfolger bestellt ist, bleibt der Schweizer jedoch stur an seinem Schreibtisch in der Züricher FIFA-Zentrale sitzen. Spätestens seit der Staatsanwalt im Herbst 2015 auf der Matte stand, hätte er eigentlich seine Koffer packen müssen.

Sepp Blatter ist immer so stolz auf seine Herkunft aus dem Schweizer Wallis. Das kann ich verstehen, mache ich dort doch regelmäßig Urlaub am herrlichen Aletsch-Gletscher. Die Menschen in Blatters Heimat sind redliche Leute, bodenständig mit tiefen christlichen Wurzeln, und haben Tugenden, die man durchaus preußisch nennen könnte. Alles das, was dem schwerreichen Sportfunktionär offenbar fehlt. Das Wallis kennt die uralte Tradition der direkten Demokratie. Über viele Dinge stimmt das

Volk und nicht das Parlament ab. Doch Blatter macht das genaue Gegenteil, er schert sich nicht um Abstimmungen, er klebt an seinem Stuhl. Das exakte Gegenstück zu seiner urdemokratischen Heimat: Er lebt wie im Endstadium des diktatorischen Nordkorea.

Aber bevor es der Häme zu viel wird: Wo sind eigentlich all jene, die Blatter demokratisch in sein Amt gewählt haben, ja, die ihn immer wieder gewählt haben? Der Mann ist doch nicht vom Himmel gefallen oder entstammt einer Sport-Monarchie. Es gab ja wohl Frauen und Männer, auch aus Deutschland, die mitgespielt haben. Ich sehe noch die Bilder, wie deutsche Staatsspitzen ihn mit Orden und Ehrenzeichen behängten, nachdem wir das Sommermärchen Weltmeisterschaft zugesprochen bekamen. Da hatte ich nicht den Eindruck, dass man Blatters Integrität in Zweifel zog, obwohl er damals schon längst in den Schlagzeilen war. Jetzt praktiziert man das Gegenteil von »mitgehangen, mitgefangen«: Man tut so, als habe man den Mann nicht gekannt, sei ihm nie begegnet und habe keine »Geschäfte« mit ihm gemacht. Das Gute ist, dass das Volk dies alles nicht durchgehen lässt. Dazu ist das, was man den Sportfans angetan hat, viel zu schlimm: Der Volkssport Fußball hat schwer Schaden genommen, weil geldgierige Funktionäre und politische Trittbrettfahrer ihn sich zur Beute machten.

Finger weg von unserem Leben!

In fast allen meinen Büchern habe ich gewarnt: Wehret den Anfängen! Der frühere SPD-Vorsitzende Hans-Jochen Vogel hat mich in einem denkwürdigen Interview im Sommer 2015 noch mal ausdrücklich darin bestätigt: Niemand hat ein Recht, mit eigener Hand oder der eines Arztes aus dem Leben zu gehen. Vogel warnte vor einer Gesellschaft, in der alte und kranke Menschen geradezu einen moralischen Druck verspüren, ihren Angehörigen die Last von Pflege und Versorgung zu nehmen und lieber aus dem Leben zu scheiden. Man muss ja nicht unbedingt gläubig sein, um zu begreifen, dass das Leben etwas anderes ist als ein klappriges Auto, das man verschrotten kann. Holland und Belgien mit ihrem völlig liberalen Sterbehilfe-»Recht« sind abschreckende Beispiele, wo ältere Menschen aus lauter Angst schon eine ausdrückliche Lebens(!)verfügung unterschreiben. Auch dort wurde immer wieder betont: Sterbehilfe darf es nur in einem eng gefassten rechtlich-medizinischen Rahmen geben.

Doch inzwischen gilt bereits Einsamkeit als Begründung, einen Arzt mit dem Ableben zu beauftragen.

Was für eine eiskalte Gesellschaft, die sich auf solche Weise Leid und Fürsorge vom Halse hält! Der Mensch zählt nur so lange, wie er funktioniert. Doch im Jahr 2014 wurde dem Ganzen noch die Krone aufgesetzt: Das belgische Parlament entschied, Sterbehilfe für unheilbar kranke Kinder zu erlauben. Zwar sind die Hürden hoch: Das Kind muss so schwer krank sein, dass medizinische Hilfe keine Aussicht auf Erfolg hat, und unter unerträglichen Schmerzen leiden. Aber wie will man das eindeutig feststellen? Wo sind die Grenzen? Wie will ein Psychologe die Urteilsfähigkeit eines Sechsjährigen ermitteln? Erfahrene Kinderärzte bezweifeln, dass ein Kind eine solch weitreichende Entscheidung zwischen Leben und Tod treffen kann.

Claudia Kaminski ist eine renommierte Lebensschützerin, die sich bei Demonstrationen von Steine werfenden Links-Chaoten nicht einschüchtern lässt. Sie ist Ärztin der Malteser-Hospize, die in Deutschland 26 Palliativzentren zur Sterbebegleitung von Kindern und Jugendlichen betreiben. Noch nie, weiß sie aus Erfahrung, habe ein Kind gewünscht, getötet zu werden. Im Gegenteil. Sie erfahre auf Kinder-Krebsstationen, dass die Kleinen den verzweifelten Großen, also Eltern und Ärzten, Mut machen mit ihrer ansteckenden Lebensbejahung. »Kinder, die medizinisch umfassend versorgt und menschlich liebevoll betreut werden, haben nicht den Wunsch nach aktiver Hilfe zum Sterben«, erklärt die Medizinerin.

Die Kleinsten und Schwächsten in unserer Gesellschaft haben ein Recht auf Betreuung und Wertschätzung und nicht auf Sterbehilfe per Giftspritze. Das Gleiche gilt für Senioren oder unheilbar Kranke. Vor Jahren war ich zusammen mit einer mitteldeutschen Ärztin in einer Talkshow zum Thema Sterbehilfe. Ich schien der einzige strikte Gegner in der Runde. Bis sich die Internistin meldete und von ihrer Sterbestation berichtete. 95 Prozent der Todgeweihten klammere sich ans Leben. Manche zerreißen die Patientenverfügung, weil sie immer noch Hoffnung haben. Deshalb ist der Aspekt, der im Bundestag diskutiert wurde, so wichtig: Die Frage bei Patientenverfügungen ist, wie der Betroffene in diesem Moment entscheiden würde und nicht vor Jahren am grünen Tisch in gesunden Tagen entschieden hat.

Leben und Tod liegen letztlich nicht in unserer Hand. Das ist eine gute Regel der Schöpfung, so schwer das auch im konkreten Fall zu akzeptieren ist. Alles andere ist ein Dammbruch, wie man an unseren Nachbarländern sieht.

Ein hilfloser Staat fördert Selbstjustiz

Ich fühle mich vom Staat im Stich gelassen! Weil die Zahl der Wohnungseinbrüche steigt, empfehlen mir die Behörden per Postwurfsendung, neue Schlösser und neue Fensterrahmen einbauen zu lassen sowie eine Zeitschaltung fürs Licht zu installieren.

Laut Kriminalstatistik wird in Deutschland alle dreieinhalb Minuten in eine Wohnung eingebrochen. Haupttäter sind häufig bestens organisierte Banden aus Osteuropa, dic die offenen Grenzen innerhalb der EU ausnutzen. Ende 2015 setzte die Polizei in Nordrhein-Westfalen eine solche Bande mit 32 Tätern fest. Doch solche Festnahmen sind eher selten, weil auf die Polizei immer weniger Verlass ist. Und das nicht, weil sie unfähig oder zu faul ist, sondern weil auf die Beamten bei immer weniger Personal immer mehr Aufgaben zukommen. Also soll ich mich selbst um die Sicherheit meiner Wohnung kümmern, meint der hilflose Staat. Dabei gehört zu den Kernaufgaben des Staates die innere Sicherheit. Auch dafür zahle ich Steuern.

Die mangelnde Fähigkeit der Behörden, uns vor Einbrüchen zu schützen, sorgt für wachsende Umsätze privater Sicherheitsdienste. In manchen abgelegenen Orten wird das bereits per Umlage organisiert. Bürgerwehren als Polizeiersatz. Doch dadurch entsteht eine Parallelgesellschaft. Auf der einen Seite die Wohlhabenden, die sich diesen Luxus leisten können, auf der anderen Geringverdiener, die wieder mal die Dummen und Beklauten sind.

Ich frage die ohnmächtig-hilflose Politik: Wollen wir wirklich amerikanische Verhältnisse, wo jeder seinen Revolver im Schrank hat und folgenlos Selbstjustiz betreiben darf?

Die Macht der Bilder

Ein Aufschrei, als einige Zeitungen Bilder von Leichen zeigten, die von islamistischen Terroristen geköpft worden waren. Oder das berühmt-berüchtigte Foto, wo die abgehackten Köpfe ermordeter Christen auf Holzpfosten steckten. Ein Aufschrei derer, die so etwas furchtbar finden und am liebsten verbieten wollen. Doch ein Bild sagt oft mehr als tausend Worte. Die Kriege im Irak oder in Syrien sind auch Kriege der Bilder. Aber was darf man zeigen, was nicht? Auch Fotos von verletzten, gefolterten oder toten Menschen?

Der Deutsche Presserat ist sehr restriktiv und damit oft an der Realität vorbei. So rügte er im September 2014 den

Spiegel, weil er die Gesichter der Opfer des auf rätselhafte Weise verschwundenen Fluges MH 17 zeigte. Dabei sind es doch gerade diese Fotos, die aus einer anonymen Opferzahl konkrete Menschen machen und ihnen ein Denkmal setzen. Auch Kriegsbilder dienen bestimmten Zwecken. Oft der Propaganda der Täter, selten der Zeitungsauflage. Denn abstoßende Bilder stoßen ab. Dass die abgeschlachteten Opfer der IS-Terroristen zumindest andeutungsweise gezeigt wurden, hat bei vielen in der Politik erst die Bereitschaft geweckt, für den bewaffneten Kampf gegen die Islamisten einzutreten.

Es waren die Bilder des Massakers von Srebrenica 1995, bei dem die Serben rund 7000 Bosnier umbrachten, die den Grünen-Politiker Joschka Fischer dazu brachten, seine Pazifisten-Partei für Kriegseinsätze deutscher Soldaten zu gewinnen. Ich war auf dem Bielefelder Parteitag damals dabei, wo er immer wieder in den Tumult rief: »Ich habe die Bilder gesehen, die Bilder! Das darf uns nicht kaltlassen.« Es war jener Parteitag, wo Fischer den Farbbeutel von einem seiner eigenen Delegierten an den Kopf geworfen bekam, der bis heute sein Gehör schädigt.

Der Schwenk der Amerikaner, den Vietnamkrieg endlich zu beenden, ist auch einem Foto zu verdanken, das die Weltöffentlichkeit 1972 schockierte: Die neunjährige Kim Phuc, das »Napalm-Mädchen«. Das nackte Mädchen flieht schreiend mit anderen Kindern eine Straße hinunter, die Napalmwolke wälzt sich hinter ihnen her. Oder denken wir an den erschossenen Peter Fechter, der 1962 von einem Polizisten aus dem DDR-Stacheldraht getragen wurde – ein Symbol für Hunderte von Menschen, die »wie Hasen erschossen wurden, nur weil sie von Deutschland nach Deutschland wollten« (Lothar Loewe). Und wo Rosa Luxemburg recht hat, hat sie recht: »Es gibt Leichen, die lauter reden als Posaunen und heller leuchten als Fackeln.« Man denke an das Bild von dem kleinen Ailan am Strand von Bodrum/Türkei. Ein sichtbares Zeugnis einer unfassbaren Tragödie. Der Dreijährige wurde zum Symbol für die Schlepper-Verbrecher, ertrunken auf der illegalen Überfahrt von der griechischen Insel Kos.

Diese Bilder machten Geschichte. Ein Bild erzeugt Emotionen, wie sie auch der dramatischste Text nicht schafft. »Als Journalist muss ich dieses Bild drucken, sonst habe ich meinen Beruf verfehlt«, meint der erfahrene langjährige Fotochef des *STERN*, Wolfgang Behnken. »Worte sind der Geist von Nachrichten, Bilder die Seele. Sie geben Anstöße, und wenn es ganz große Bilder sind, verändern sie das Bewusstsein.« Solche Fotos schaffen, was Demonstrationen und Politikerreden niemals bewirken können: Herz und Gewissen der Menschen zu berühren. Wer solche Fotos ablehnt und sich dabei zum Beispiel auf den Jugendschutz beruft, hat noch nichts von Internet und Handyvideos gehört. Was wir dort zu sehen bekommen und was sich unsere Kinder oft stundenlang »reinziehen«, dagegen ist alles harmlos, was man in Zeitungen geboten bekommt.

Übrigens gilt das ebenso für diesen theologischen Schwachsinn vor allem der evangelischen Kirchen, das Kreuz von Jesus Christus zu »verstecken«, weil eine solche Botschaft doch viel zu grausam sei. Wenn Pfarrer selbst nichts mehr glauben und mit der zentralen Botschaft der Bibel nichts mehr anfangen können, dann sollen sie lieber in die Politik oder auf den Bau gehen, als uns mit solchen Blödsinns-Theorien zu belästigen. Wer einmal die Festspiele von Oberammergau erlebt oder den Film *Passion* gesehen hat, dem geht unauslöschlich unter die Haut, wie groß das Opfer war, das Jesus Christus für die ganze Menschheit gebracht hat. Auch hier gilt, in einer anderen Dimension, die Macht der Bilder.

Um die Realität zu zeigen, um die Welt aufzurütteln, setzen Journalisten-Kollegen in Krisengebieten ihr Leben ein. Das macht sie zu Helden unserer Zeit, wie den von IS-Terroristen vor der Kamera geköpften amerikanischen Fotoreporter James Foley. Soll ihr Einsatz nicht umsonst gewesen sein, muss man ihre Arbeiten auch zeigen.

Außer Spesen nichts gewesen

Was war das für ein Jubel in Hamburg, als die Hansestadt im nationalen Rennen um Olympia 2024 den Mitbewerber Berlin eindeutig schlug. Wenn sich eine deutsche Stadt für die Ausrichtung der Olympischen Spiele neben Budapest, Los Angeles und Paris bewerben sollte, dann war Hamburg vorgesehen – mit einem großartigen Konzept, das der Stadt an der Alster einen neuen, wunderbaren Stadtteil beschert hätte. Allerdings sollten die Bürger das letzte Wort haben, wobei alle Beobachter wie selbstverständlich davon ausgingen: Die Hanseaten als »Tor zur Welt« werden mehrheitlich mit Ja stimmen, alles also nur Formsache.

Doch dann der große Knall, ein Kartenhaus bricht zusammen: Hamburgs stolze Bürgerschaft sagt Nein, und sofort beginnen Spott und Häme, vor allem derer, die gar nicht in der Stadt leben. Ein Shitstorm erfasste das Internet wie ein Hurrikan: kleinkariert, engstirnig, ängstlich, provinziell, keine Ahnung von Werbung und Image durch ein solches Großereignis.

Aus der Ferne betrachtet mag manche Kritik ja stimmen, doch bei der Nahsicht der Hamburger hatten die Regierenden das Nachsehen. Für den Wahlbürger erschien der architektonisch eindrucksvolle Olympia-Stadtteil wie ein Wolkenkuckucksheim im Schlaraffenland. Sie sahen nicht das Modell für die Zukunft, sie sehen tagtäglich die Gegenwart: kaputte Straßen, zu wenig Kindergärten, kein Geld für das Notwendigste. Und in den Schulen rieselt der Kalk von den Wänden. Wenn man durch Baustellen aufgehalten wird, an denen niemand baut, und man dauernd hören muss, wofür alles kein Geld da ist, dann fehlt einem eben die Vorstellungskraft für Gigantomanie à la Olympia. Utopia nennt man so etwas, und für Luftschlösser hebt niemand gerne die Hand oder gibt seine Stimme ab.

Die Bürger haben diese größenwahnsinnigen Politiker-Prestige-Projekte satt, über die während des Baus jegliche Kontrolle verloren wird – Elbphilharmonie und Berliner Flughafen lassen grüßen. Und dass die FIFA oder Olympische Komitees sich mit Betrugs- und Korruptionsskandalen herumschlagen müssen, ist auch nicht gerade eine gute Visitenkarte. Wer direkte Demokratie will und damit wählerwirksam wirbt, der muss auch Ergebnisse akzeptieren, die einem nicht passen. Anschließende Wählerbeschimpfung ist Entmündigung und der Sargnagel einer Demokratie.

Bananenrepublikhafte Hauptstadt-Pendelei

Eine Anfrage im Bundestag brachte es an den Tag: Für die Haushaltsdebatte Ende 2015 fielen mindestens 50 000 Euro Reisekosten an, die »die Bonner« verursachten. Was die wenigsten noch wissen oder merken, schlägt Jahr für Jahr mit Millionen zu Buche: dass nämlich immer noch sechs Bundesministerien ihren Hauptsitz in Bonn haben, darunter so wichtige wie das Verteidigungsministerium. Ein Wahnsinn! Alle verfügen außerdem über repräsentative Residenzen in Berlin, die entscheidenden Leute sind ohnehin in der Hauptstadt angesiedelt, und die Minister sind nur ab und zu zur Deko am Rhein. Die Musik spielt an der Spree, und zwei Regierungssitze sind ein Luxus, der durch nichts mehr zu begründen ist.

Bereits bei der historischen Bundestagsentscheidung zugunsten Berlins war ich der Meinung: Bitte, keinen Umzug auf Raten. Bonn müsse im Gegenzug andere Behörden bekommen, aber kein Auseinanderreißen der Regierung. Denn was einmal beschlossen ist, wird schwer zu verändern sein, wie man nach fast zwanzig Jahren nun eindeutig sieht. Trotz aller Beschwörungen: Es wird weiter gependelt und Zeit und Geld vergeudet. Wobei mir der unter Einsatz aller Emotionen erfolgte Berlin-Beschluss immer schleierhaft war: Es entsprach doch unserem Grundgesetz und der herrschenden Meinung, dass Bonn nur »provisorische Hauptstadt« war und nach »Vollendung der Einheit« natürlich Berlin die Nummer eins ist. Wie dem auch sei: Berlin ist mit sechs Ministerien (zu) teuer erkauft worden, ein Regierungs-Reisezirkus wurde in Gang gesetzt, der jetzt endlich mal ein Ende haben muss – und zwar tabula rasa und nicht scheibchenweise.

Bonn gebührt großer Dank, dass nach der Schreckensherrschaft der Nationalsozialisten in bescheidenem Ambiente fern von Berlin eine stabile Demokratie entstehen konnte, während in (Ost-)Berlin ein kommunistischer, moskauhöriger Satellitenstaat aufgebaut wurde. Das Vermächtnis der Bonner Republik ist das Grundgesetz und die Erinnerung an die Idylle des Wirtschaftswunders, »zufällig« schräg gegenüber von Adenauers Rhöndorfer Wohnhaus, nur eine Fähre weit entfernt. Doch jetzt geht es um effektive Arbeit, um Kostensparen und ein Ende der sinnlosen Pendelei Hunderter Beamter. Es heißt nicht umsonst auf den Bonner Fluren: »Wer Karriere machen will, muss nach Berlin.« Dieselbe Regierung, die von Lehrlingen und Arbeitnehmern Mobilität verlangt, scheut für die eigenen Beamten den Umzug. Verkehrte Welt.

Und haben die Bonner einmal darüber nachgedacht, dass sie ein Image haben, das sie gar nicht brauchen? Sie gelten als Almosenempfänger, denen man noch ein bisschen was dagelassen hat beim großen Aufräumen. Doch das hat das schöne, alte Provisorium gar nicht nötig. Die Einwohnerzahl ist nach dem Regierungsumzug sogar gewachsen, Telekom und Post haben ihren Hauptsitz am Rhein, Universität und Kulturangebot haben einen exzellenten Ruf. Es ist im Interesse aller, endlich Schluss zu machen mit dem teuren und ineffektiven Reisezirkus und komplett nach Berlin zu ziehen. Alles andere hat, wie ein rheinischer Hauptstadtkorrespondent schreibt, etwas »Bananenrepublikhaftes«.

Wo der Amtsschimmel wiehert

Zwar kommt der Amtsbote heutzutage nicht mehr auf dem Schimmel geritten. Die Zustellung erfolgt oft schon in Sekundenschnelle mit einer Mail. Aber der sprichwörtliche Amtsschimmel wiehert heute noch, trotz aller Entbürokratisierungs-Versprechen. Manchmal tut es richtig weh, was Behörden sich einfallen lassen. Und man fragt sich, ob manche Leute dort entweder kein Herz oder keinen Verstand haben. Auf jeden Fall keine Beziehung zur Lebensrealität. So geschehen auch in Sachsen, wo ein Hartz-IV-Empfänger Zeit seines Lebens dieselbe Mietwohnung hat. Nachdem der Besitzer nun überall neue Balkons anbaute, wurde einzig bei ihm keine Tür in die Wand gebrochen. Er hat also einen Balkon, den er nicht betreten kann. Begründung: Das Sozialamt zahlt nur die bisherige Miete, die 30 Euro Aufschlag für den Balkon bleibt es dem Besitzer schuldig. Folglich guckt der Mann in die Röhre, in diesem Fall aus dem Fenster, und nicht, wie die anderen Bewohner, vom Balkon in die Landschaft. Das ist Schilda und Loriot in einem, wenns nicht so traurig wäre.

Da fasst man sich doch an den Kopf! Klar, Sozialmissbrauch muss schärfstens bekämpft werden, weil es ein Vergehen am Allgemeinvermögen ist. Wer Hartz IV kassiert und nebenbei schwarzarbeitet, der gehört bestraft. Wer sich nicht wenigstens bemüht, eine neue Arbeit zu finden, dem gehört die staatliche »Stütze« entzogen. Oder dieser irre Lehrer, der wegen einer »Schüler-Phobie« krankgeschrieben wurde und es sich dann auf Steuerzahlers Kosten auf einer Nordseeinsel gut gehen ließ. Das alles ist hochgradig kriminell, auch wenn Gutachter noch so schlaue Begründungen der Legalität erfinden.

Doch im Fall Sachsen rauft man sich die Haare. Der Mann ist herzkrank, hat deshalb seinen Job verloren. Es geht um lächerliche 30 Euro, ein Kleckerbetrag bei den heutigen Summen, die der Staat zum Fenster (oder der Balkontür) hinauswirft. Kann man da nicht ein Auge zudrücken?

Es sind solche Fälle, die einen an den Behörden (ver-) zweifeln lassen. Das sind alles schwarze Schafe, die dem Ruf von Beamten, Lehrern oder Hartz-IV-Empfängern insgesamt schaden. Diese Sozialamtsmitarbeiter mit dem Fenster zum Balkon kommen mir vor wie die Leute vom Ordnungsamt, die im Sommer auf der Erde herumkriechen, um vor einem Lokal zu messen, ob die Tische auch nicht einen Zentimeter zu weit auf dem Bürgersteig stehen. Der Amtsschimmel wird noch lange wiehern, leider.

Falscher Eltern-Ehrgeiz schadet dem Kindeswohl

Soll ein Kind mit Downsyndrom aufs Gymnasium? Die Lehrer einer badischen Schule sagten Nein. Auch die Realschule wollte den elfjährigen Henri nicht aufnehmen. Nun gehen seine Eltern auf die Barrikaden, sprechen von »Diskriminierung«. Der Lehrerverband argumentiert, der

Elternwunsch dürfe nicht vor dem Kindeswohl stehen. Schüler sollten individuell gefördert werden. Das geht für Henri in einer Sonderschule, doch nicht auf einem Gymnasium. Würde er dort eingeschult, täte man weder dem lobenswerten Ziel der »Inklusion« noch dem Jungen einen Gefallen. Ganz anders bei körperlich Behinderten. Schon öfter hatte ich Gäste in meiner Sendung, die contergan-geschädigt oder kleinwüchsig auf die Welt gekommen sind und dennoch Höchstleistungen vollbringen, Akademiker oder Spitzensportler sind. Sie erzählen von einer ganz anderen »Diskriminierung«: die buchstäblich lebensgefährliche Bedrohung durch Abtreibung. »Hätte es zu meiner Zeit schon die Präimplantationsdiagnostik (PID) gegeben, ich wäre nicht auf der Welt«, sagen Menschen, die heute sportliche Vorbilder sind. Gott hat sich schon was dabei gedacht, jedes Kind als Geschenk anzunehmen und nicht nur die Wunsch- oder Designer-Kinder und die, die laut Schwangerschaftsuntersuchung »ohne Makel« sind. Das hatten wir in der unseligen jüngeren deutschen Geschichte alles schon mal! Eine Mutter sagte mir mal selbstbewusst: »Lieber unseren Daniel mit Downsyndrom als später ein Kind als Terrorist oder Abtreibungsarzt.« Denn niemand weiß doch, was aus »gesunden« Kindern einmal wird.

Körperlich Behinderte können geistig mithalten und gehören in eine reguläre Schule. Mir erzählte ein junger Mann, der heute ein Olympia-Gold nach dem anderen bei den »Paralympics« holt, dass er laut Lehrer in eine Sonderschule sollte, obwohl er als Kleinwüchsiger im Kopf völlig normal war. Hier lohnt jeder Streit um die Inklusion. Aber ein Kind mit Downsyndrom gehört nicht in eine normale Schule. Selbst Henris Mutter gibt zu, ihr Junge werde nie Abitur machen können. Nun werden die badischen Lehrer im Internet als behindertenfeindlich an den Pranger gestellt. Richtig ist das Gegenteil. Manche Eltern definieren sich über ihre Kinder und wollen es »denen da oben« zeigen. Deshalb wird prozessiert bis zum Geht-nicht-mehr, ohne daran zu denken, was für das Kind das Beste ist. Da sollte man den Lehrern lieber dankbar sein, die diesen elterlichen Wahnsinn stoppen wollen.

Das gilt auch für jene Eltern, die ihre Kinder für hochbegabt und die Lehrer für ignorant halten, wenn sie das nicht erkennen. Nicht jedes Kind, das bereits im Kindergarten Bücher verschlingt oder rechnen kann, ist gleich ein Wunderkind. Im Gegenteil: Diese Kinder tun mir leid, wenn sie von ihren Eltern so gedrillt werden, dass sie quasi ihre Kindheit verpassen. Mancher Grundschüler hat heute einen volleren Terminkalender als ein Manager: Neben der Schule muss das Kind natürlich zum Ballett, zum Reiten, zur Klavierstunde oder zum Handball. Diese Selbstverwirklichung von Eltern im eigenen Kind schreit zum Himmel!

Und wehe, das Kind ist behindert, und die Eltern drohen zu kurz zu kommen. Auch diese Eltern muss man bremsen, wenn man es gut mit den Kindern meint. Mir ist bewusst, dass Menschen mit Downsyndrom besondere Fähigkeiten und Spezialbegabungen haben. Ein mir bekanntes Mädchen kann hervorragend Geige spielen, das macht es aber noch lange nicht zu einem Wunderkind, das aufs Gymnasium gehört.

Falscher Eltern-Ehrgeiz hat schon manches Kind kaputt gemacht. Eine Großstadt wie Berlin ist voll von Menschen, die ihr Leben nicht in den Griff bekommen, weil ihre Eltern es einmal ach so gut mit ihnen meinten. Entmündigt die Kinder nicht, die oft besser wissen, was ihnen guttut.

Natürlich heißt Erziehung auch Kampf gegen Faulheit und Desinteresse. Doch Kinder wider besseres Wissen zu zwingen, das kann man einmal bitter bereuen. Ich kenne einen begeisterten Starkoch, der erst seines Lebens glücklich wurde, als seine Eltern einsahen, dass es auch jenseits von Abitur und Universitätsstudium wertvolle Menschen gibt.

Von Pastoren, Pazifisten und besseren Menschen

Die Rede von Joachim Gauck im Februar 2014 auf der Münchner Sicherheitskonferenz gehört zu den größten, die ein Bundespräsident je gehalten hat. Mitten in der Debatte um den Einsatz deutscher Soldaten in Mali fordert er mehr Engagement unseres Landes in den Krisenherden der Welt. Dazu zählt er auch Militäreinsätze im Einklang mit UNO und NATO. Längst sind die Anforderungen größer geworden: Der Kampf gegen den »Islamischen Staat« (IS) oder die Beendigung des grausamen Völkermordes in Syrien. Eine klare Ansage, die ich von einem Pastor, der Gauck ja ist, nicht erwartet hätte. Theologen sind meist voll auf Pazifismus-Linie. Frieden schaffen ohne Waffen, dieser Illusion geben sich friedensbewegte Pfarrer selbst dann hin, wenn in Krisenstaaten Bürgerkrieg oder Tyrannen herrschen.

Doch mit Sozialarbeit, Mediatoren oder Stuhlkreisen, möglichst noch kirchentags-beseelt mit lila Halstuch als Karneval der Kulturen, sind Diktatoren wenig zu beeindrucken. Kerzen und Gebete haben die DDR niedergerungen, das ist wahr. Und Joachim Gauck hatte seinen Anteil daran. Er würde jedoch das damalige SED-Regime niemals mit der Terrorherrschaft islamistischer Diktatoren vergleichen. Da geht es nur mit Gewalt. Einer bekannten Theologin, die sich vehement gegen den Einsatz von Waffen im Krieg gegen den IS aussprach und Diplomatie und Mediation forderte, antwortete ich öffentlich: »Dann fahr doch schon mal hin zu den Taliban und zeig uns, wie das geht!« Manchmal hilft nur noch Galgenhumor.

Krieg ist immer die »ultima ratio«, die allerletzte Möglichkeit. Doch wie anders konnte man Saddam Hussein stürzen oder den mörderischen Bürgerkrieg in Mali beenden? Nur wer die Bibel missversteht, lehnt den »Einsatz des Schwertes« (so der Apostel Paulus in seinem Brief an die Römer) grundsätzlich ab. »Mit der Bergpredigt kann man die Welt nicht regieren«, sagte Altbundeskanzler Schmidt, und damit hat er recht. Pazifismus kann pure Menschenverachtung sein. Es gilt, zwischen Gesinnungsethik und Verantwortungsethik zu wägen. Jeder »-ismus« ist eine Ideologie. Doch ohne Schuld geht es nie. Nichtstun kann genauso falsch sein wie Eingreifen. Das muss man bedenken, bevor man Soldaten als Mörder beschimpft und den Dienst in der Bundeswehr als unchristlich brandmarkt, als seien Pazifisten bessere Menschen. Von den Widerstandskämpfern des Dritten Reiches kann man lernen, wie sehr sie das Gewissen gequält hat, den »Führer« zu vernichten. Wo wir spontan sagen würden: Daran kann doch kein Zweifel bestehen, dass das gut und richtig ist. Das war kein Hurra-Patriotismus von Leuten, um später als Helden und Märtyrer in die Geschichte einzugehen. Ob Stauffenberg, Boeselager oder Graf Moltke, die christlich geprägten Hitler-Gegner waren sich einig: »Kein Handeln ist ohne Sünde. Zum Schluss wird Gott entscheiden, ob wir im Sinne des Lebens gehandelt haben.« Diese Demut wünschte ich mir bei Pazifisten, die der Meinung sind, ohne jeden (Selbst-)Zweifel auf der richtigen Seite zu stehen.

Ex-Pfarrer Gauck weiß genau, dass es die Wiedervereinigung Deutschlands ohne den Doppelbeschluss der NATO gegen die Aufrüstung der damaligen Sowjetunion nicht gegeben hätte. Deshalb geht sein Appell auch an die heutigen Politiker, sich nicht von Stimmungen der Umfragedemokratie leiten zu lassen. Helmut Schmidt und Helmut Kohl haben den Doppelbeschluss gegen die Kirchen, die Pfarrer und die Mehrheit im Volk durchgesetzt. Sie waren gut beraten.

Verführung per Kreditkarte

Die Banken können noch so viel trommeln und noch so viel für ihre Kreditkarten werben, die Bürger bleiben skeptisch. Und das zu Recht. Letzter Schrei sind die sogenannten kontaktlosen Karten, für die keine PIN-Nummer mehr nötig ist. Man hält sie einfach an ein Lesegerät und kann automatisch je Kauf bis zu 25 Euro vom Konto abbuchen. Das kann allerdings dann jeder Dieb auch …

Nein, das Zahlen in bar ist in Deutschland nicht totzukriegen, und das ist auch gut so. Laut Bundesbank begleichen die Deutschen 79 Prozent ihrer Einkäufe mit Scheinen und Münzen, was 53 Prozent des Gesamtumsatzes ausmacht. Für notorische Schuldenmacher und zwanghafte Konsumenten ein Glück, denn die Kreditkarte – und da sind sich alle Psychologen einig – verführt dazu, keine Hemmschwelle mehr zu kennen. Während man in seinem Kaufrausch schon mal innehält, weil die Geldbörse leer ist und man sich etwas leihen müsste, werben die Banken munter für ihre Überziehungskredite. Wer mit Karte zahlt, das sagen die Experten, verliert leicht den Überblick über sein Vermögen. Solange etwas nur virtuell und digital erlebt wird, fehlt der Bezug zur vielleicht schmerzhaften Realität. Doch wenn Bargeld ausgegeben ist, spürt man die Ebbe in der Kasse ganz konkret. Selbst bei Menschen mit einem notorischen Kaufwahn setzt dann ein kurzes Nachdenken ein. Gerade in den USA, wo bargeldloses Zahlen stark verbreitet ist, ist die Verschuldung privater Haushalte dramatisch hoch.

Es spricht alles dafür, das Bargeld nicht aussterben zu lassen. »Bargeld ist geprägte Freiheit und eines der letzten Bollwerke gegen einen mächtigen Apparat, der immer stärker lenkend und überwachend in unser Leben einwirkt«, meint der Münchner Ökonom Professor Gerald Mann im Interview mit dem Wirtschaftsmagazin *Faktor C*. Der Hauptgrund für die Bargeld-Abschaffung sei, dass wir unser Geld ausgeben sollen. Man setzt also bewusst auf die

Schwäche des Menschen, oft nicht zwischen virtuell und real unterscheiden zu können. Deshalb gilt: Nur Bares ist Wahres.

Milliardengräber – wenn Politiker Bauherren spielen

Sie empören sich über Abzocker und begrenzen Banker-Boni, sie spielen »Anwalt des kleinen Mannes« und schrauben die Manager-Gehälter zurück. Nur selbst wollen Politiker möglichst für nichts verantwortlich gemacht werden, erst recht nicht für teure Fehlplanungen. Es ist ja leichter, für andere Gesetze zu beschließen – möglichst mit moralisch erhobenem Zeigefinger und natürlich wählerwirksam –, als selber für sein Tun geradezustehen. Warum werden Politiker nicht für die Milliardengräber, die sie auf Steuerzahlers Kosten schaufeln, haftbar gemacht? Bezahlen bis ans Lebensende! Die Regierenden spielen sich als Bauherren auf und machen alles selbst: Auftrag, Kontrolle, Abwicklung. Als wären sie Fachleute auf allen Gebieten. Beim größten Milliardengrab der Nachkriegsgeschichte, dem Berliner Flughafen, führen leibhaftige Regierungschefs die Aufsichtsräte, die noch nicht mal das Zeug dazu haben, ihre eigene Garage zu bauen. Und wenn sie Fachleute einstellen, sind es oft noch die falschen.

Der Nürburgring in Rheinland-Pfalz ist ein schreiendes Beispiel für diese Überheblichkeit, die die Allgemeinheit eine dreistellige Millionensumme kostet. Oder die Hamburger Elbphilharmonie. Damit wollen Politiker sich Denkmäler setzen, und wenns schiefläuft, machen sie sich aus dem Staub. Und das in einer seltenen Koalition total parteiübergreifend. Bei Berlin werden Milliarden buchstäblich in den Märkischen Sand gesetzt; die von Politikern ausgesuchten Spitzenmanager kommen und gehen – gehen natürlich mit »goldenem Handschlag«. Keiner wird zur Kasse gebeten von denen, die doch in ihrem Amtseid geschworen haben, »den Nutzen zu mehren und Schaden vom deutschen Volk zu wenden«. Was könnte man mit diesen letztlich veruntreuten Geldern alles machen! Statt peinlicher Politiker-Prestige-Projekte: Kindergärten und Schulen errichten, Schlaglöcher auf den Straßen entfernen oder dringend benötigte Umgehungsstrecken bauen, um die Bürger von Lärm und Gestank zu befreien.

Dass es auch anders geht, zeigt ein Berliner Projekt. Ich traute meinen Ohren nicht, als ich nach der Rückkehr aus dem Urlaub dem Taxifahrer die Umleitungsroute nach Hause schildern wollte, »weil doch auf der Autobahn eine riesige Baustelle mit kilometerlangen Staus ist.« Doch der Chauffeur winkte ab: »Längst fertig, einige Wochen vor der Zeit!« Was, vor der Zeit? Wie geht denn das?! Alles war überpünktlich fertig geworden, weil man die »Bonus-Malus-Regel« angewandt hat. Will sagen: Dauert der Bau länger, muss Strafe bezahlt werden; geht's schneller, erhält die Baufirma eine Prämie. Und es ist wie im wahren Leben: Geld spornt an – wie mich vor fünfzig Jahren die elterliche Mark für eine gute Klassenarbeit auf Trab hielt. Also, liebe Politiker: Finger weg vom Bauherr spielen. Besser eine Firma beauftragen, die für alles haftbar gemacht werden kann – auch für Terminverschleppung. Und wenn Boni locken, geht's meist sogar schneller.

Quoten-Quatsch schadet den Frauen

Wie man das Frauen-Quoten-Thema ad absurdum führt und ein Anliegen ins Lächerliche zieht, demonstrierte 2014 die Berliner Humboldt-Universität.

Zur »Verbesserung der Studienbedingungen«, also um endlich mehr Lehrkräfte für immer mehr Studenten zu haben, war die Stelle eines Mathematik-Professors ausgeschrieben. Allerdings mit dem »Ziel der Förderung der Chancengleichheit von Frauen«. Im Klartext: Männer brauchen sich erst gar nicht zu bewerben, was die Uni auch unumwunden zugibt.

Weil sich aber kaum Frauen bewarben, die sie für geeignet hielten, setzte die Auswahlkommission einen Mann auf Platz eins. Doch der international anerkannte Wissenschaftler kann zu Hause bleiben. Die Uni verzichtete lieber auf die dringend benötigte Stelle, als einen Mann zu berufen.

Damit hebelte man auch noch schnell das Grundgesetz aus, das »Eignung« als einziges Kriterium für die Berufung in den öffentlichen Dienst nennt. Den Unsinn zu Ende gedacht, bedeutet das: Eine Herz-OP kann demnächst nicht stattfinden, weil keine Frau im Ärzteteam ist, und die Feuerwehr bleibt in der Garage, weil man die Quote gerade nicht erfüllt. Wer zeigt den Ideologinnen und Ideologen endlich die Rote Karte? Dieser Quoten-Quatsch schadet nur denen, die sich mit guten Argumenten für mehr Frauen in führenden Positionen einsetzen.

Nachbarschaft und Lindenstraße

Den Blockwart aus den unseligen Zeiten der Nazi- und Stasi-Diktatur will ich natürlich nicht. Heute sind es ja meist Blockwartinnen, die hinter der Gardine sitzen und alles beobachten, was im Haus oder der Nachbarschaft passiert. Wie einst »Else Kling« in der legendären TV-Serie *Lindenstraße*. Es kann auch zu viel Nähe geben, die einem unheimlich wird: »Ach, Sie sind aber wieder spät nach Hause gekommen« – »Sie haben dem Paketdienst gar nicht aufgemacht, Sie schlafen wohl lange« – »Den Müll sollte man aber besser trennen«. Doch heute ist es eher das andere Extrem, das uns gegen Jahresende 2015 wieder einmal erschüttert hat. Da wird eine Frau tot in ihrer Wohnung gefunden, wo sie nicht Tage, nicht Wochen unbemerkt gelegen hat ... Anderthalb Jahre, 18 lange Monate hat diese alte Frau kein Mensch vermisst. Die wenige Post stapelte sich zwar, aber alle Bank-, Miet- und Rentenangelegenheiten gingen automatisch – es lebe die Abschaffung des Bargeldes! 18 Monate unbemerkt – und das nicht in der Anonymität einer Großstadt, nicht in einem 20-stöckigen Wohnsilo. Nein, diese Frau starb in einem kleinen Dorf, und niemand hat es bemerkt.

Wie kalt ist unsere Welt geworden. Ein paar Euro für die Flüchtlinge, ein bisschen Ehrenamt im Aufnahmelager. Aber das war's dann auch. Viele kennen sich heute in der *Lindenstraße* besser aus als in ihrer eigenen Nachbarschaft. Man trauert mit Mutter Beimer, wenn sie ihren Mann verliert. Doch was nebenan geschieht, kriegt man nicht mit.

Es gibt aber auch das andere, auch und gerade auf dem Land. Meine 90-jährige Mutter kann in ihrem 2000-Seelen-Dorf nur deshalb noch in ihrem Haus mit Garten leben, weil sie umgeben ist von echter Nachbarschaft. Und einer Verwandtschaft, die trotz Selbstständigkeit mit einer Tankstelle fast täglich bei ihr vorbeischaut. Wenn da um zehn die Rollläden nicht hoch sind, wird geklingelt. Hecke und Rasen werden geschnitten, und als sie mit 89 Jahren ihr Auto verkaufte, setzte eine beispiellose Hilfsbereitschaft ein. Wer auch immer einkaufen fährt, fragt erst meine Mutter, ob sie was braucht, oder ob sie mitfahren will. Nur mit den Einbrechern und denen, die an der Tür klingeln, um unter einem Vorwand ins Haus zu kommen, nimmt sie's selber auf! Aber frag mich nicht, wie! Die Polizei kam extra vorbei, um sie dafür zu belobigen. Auch für die Alarmanlage.

Ich muss den Leuten nicht hinterherspionieren und hinter der Gardine sitzen. Interesse für den Nachbarn und Aufmerksamkeit ist etwas anderes als Kontrollieren und Spionieren. Wir dürfen vor lauter Fernsehen die Nahsicht nicht verlieren. Da bin ich leider der Erste, der Defizite eingestehen muss!

Futter für die Empörungsindustrie

Es war bei einer jener Talkshows, in der nach ungeschriebenem Gesetz einer den Bad-Boy geben muss, über den die anderen vier bis sechs Gutmenschen-Gäste herfallen dürfen, damit die Empörungsindustrie Gewinn machen kann. Es ging um Migration und Integration, wo man schon als rechtsradikal gilt, wenn man das sagt, was einer normalen Lebenserfahrung entspricht. Wenn ich mir meiner Argumente sicher bin, kämpfe ich die auch »allein gegen alle« aus und könnte mich köstlich amüsieren, wie die anderen Diskutanten sich ärgern, wenn das Publikum beim »Falschen« applaudiert. Im Übrigen halte ich's bei Talk-Einladungen mit dem Grundsatz: Willst du was gelten, mach dich selten ...

Bei jenem Integrations-Talk war ich also der Störenfried, der Unfrieden in die Friedhofsruhe der von ihrem Gutmenschentum beseelten Runde zu bringen hatte. Ich staunte nicht schlecht, wie die wohlsituierten Damen und Herren, meist mit Dienstwagen vorgefahren, sich förmlich überschlugen, wie toll alles funktioniere und wie spießbürgerlich-verbohrt man doch sein müsste, das nicht zu erkennen. Ich zählte auf, was es sonst noch alles gibt: Parallelgesellschaften, Zwangsverheiratungen, null Respekt vor Frauen als Lehrerinnen und Polizistinnen, die selbst gewählte sprachliche Isolation usw. Ich wurde behandelt, als käme ich von einem anderen Stern, sozusagen als Geisterfahrer gegen den Mainstream migranten-euphorischer Mustermenschen.

Bis mir der Kragen platzte und ich eine »Grüne« anblaffte: »Ich bin es leid, mir von Leuten, die in ihrer Luxus-Altbauwohnung jenseits der Berliner Problemkieze Ausländer nur vom Hörensagen kennen, vielleicht als Edelitaliener oder Juweliere, sagen lassen zu müssen, wie ich mich anderen gegenüber zu verhalten habe.« Die Zuschauer johlten, die Gutmenschen wurden böse. Ertappt!

Da nahm eine respektable ältere Dame, einst zu den Ranghöchsten des Staates zählend, einen neuen Anlauf: »Aber Herr Hahne, Ihre Klischees sind ja unerträglich. Wir leben mit fünf verschiedenen Nationen unter dem Dach unseres Mietshauses und verstehen uns prächtig.« Aaaaah, freute sich der Moderator. Ooooooh, sagte der Bad-Boy und wollte wissen, was die denn so von Beruf seien. Der Afghane Psychologe, der Iraner Augenarzt, der Serbe Informatiker und der Türke bei der Botschaft ... Das Volk begriff, ich brauchte nichts zu erwidern, und lachte sich kaputt. Ostanatolische Bauern mit ihrem Steinzeit-Islam, von denen Helmut Schmidt einst meinte, sie seien kaum in unsere freiheitlich-demokratische Kultur zu integrieren, hatte sie nicht aufgezählt. Die leben ja auch nicht im Schicki-Micki-Wohlstands-Kiez der Privatschulen und Nanny-Haushalte.

So gut wie nie kommen handfeste Praktiker zu Wort, die Empörungsindustrie lebt von akademischen Theoretikern fern der Realität. Solche Weltendeuter kommen nicht selten aus den Nobelvierteln der Großstädte oder leben unter der Glasglocke von Berlin-»Prenzelberg«, wie man unter Insidern wissend sagt. Die Königsdisziplin von Leitartiklern und Talkgästen ist die Darstellung einer Wolkenkuckucksheim-Welt, wie man sie gerne hätte. Je weiter von der Realität entfernt, desto schulmeisterlicher das Auftreten. Ich nenne bewusst keine Namen; der geneigte Leser muss nur einschalten, um fehlende Nahsicht erstaunt zur Kenntnis zu nehmen. Nicht umsonst heißt es: Fernsehen!

Müll, Sauberkeit, Faschismus-Keule

Ob es sinnvoll ist, dass alljährlich in der Silvesternacht Millionen kostbarer Euros verknallt und verschossen werden, steht auf einem anderen Blatt. Aber wenn ich am Neujahrsmorgen durch die leeren Berliner Straßen spaziere und die »Überreste« sehe – die meist auch noch eine Woche später dort liegen –, dann packt mich die Wut. Bierkisten-große Kartons mit abgefackelten Raketen, der Riesenkracher der modernen Silvesterknallerei, plus Sekt- und Bierflaschen, teils schon in Scherben, zieren die Bürgersteige. Niemand fühlt sich bemüßigt, den Unrat wegzuräumen, obwohl die Häuser (und in ihnen wahrscheinlich auch die Verursacher) klar zu identifizieren sind, von denen der Müll stammt. Irgendein Dummer wird sich schon finden, notfalls die Stadtreinigung – und dafür zahlt dann die Allgemeinheit Steuern.

Wir vermüllen unsere Städte, als käme nach uns nur noch die Sintflut. Nach den Picknick- und Grill-Orgien an lauschigen Sommerabenden sind die Parks am nächsten Morgen reinste Müllhalden. Auf die Bürgersteige setzen Hunde ihre Häufchen, an die Wände und zwischen Büsche wird ungeniert uriniert, die Abfallbehälter quellen über, Scherben auf den Spielplätzen, Kaugummis auf den Gehwegen, Radfahrer nehmen Fußgängerwege schamlos und lebensgefährdend in Besitz, bei roten Ampeln scheint die Masse farbenblind. Wer mit offenen Augen durch unsere (Innen-)Städte geht, fragt sich, wo Anstand und Moral geblieben sind. Es sind nur noch Egoisten unterwegs, die sich einen Dreck darum scheren, was mit dem Dreck passiert, den sie anrichten.

Eine »Verwahrlosungskultur« (Christine Eichel) macht sich breit, eine rücksichtslose Mir-doch-egal-Mentalität. Irgendwer wird den Dreck schon wegräumen. Die Hemmschwelle sinkt, rücksichtslos irgendwo irgendetwas wegzuwerfen oder liegen zu lassen. Natürlich sind zum Beispiel die Berliner Stadtreinigungsbetriebe (BSR) mentale Mitverursacher, wenn sie mit einem originellen und dennoch blöden Spruch werben: »We kehr for you.« Höflichkeits- und Sauberkeits-Regeln zu befolgen hat kaum Konjunktur. Rüpel rühmen sich, doch nur ihr »Recht« wahrzunehmen, schließlich bezahlt man ja Steuern. Man wird als »Spießer« beschimpft, wenn man Rüpel zur Räson ruft. Ordnung und Sauberkeit sind doch nur Sekundärtugenden für »Obernazis«. Selbst bei diesem Thema wird die Faschismus-Keule rausgeholt, man fasst es nicht.

Dabei ist es doch so einfach, sich die Volksweisheit der Bibel zu eigen zu machen, damit alle sich wohlfühlen: »Was du nicht willst, das man dir tu, das füg auch keinem andern zu!« Wer nicht hören will, muss fühlen – diese Volksweisheit setzt zum Beispiel der asiatische Stadtstaat Singapur um: Wer bei öffentlicher Müll-»Entsorgung« erwischt wird, dem drohen drakonische Strafen. So könnte man auch bei uns allein nach Silvesternächten und Grill-Orgien die klammen Stadtkassen füllen.

Der Fluch der Sucht nach dem Flug

Nachdem (endlich!) in Flugzeugen ein totales Rauchverbot eingeführt worden war, konnte man dieses Schauspiel immer wieder bewundern: Kaum war der Flieger gelandet und »die Anschnallzeichen über ihnen erloschen«, nestelten die Ersten nervös in ihren Taschen, um sich – erwartungsfroh zitternd – eine Zigarette hervorzukramen. Dieselbe parkte bis zum Verlassen des Flughafengebäudes zwischen den Lippen, weil drinnen das Rauchen nur in den zoo-ähnlichen Glaskästen erlaubt ist. Doch draußen gibt's dann kein Halten mehr, ganz gleich, ob das die Mitreisenden in der Taxi-Warteschlange stört oder nicht.

Heute kommt zur Zigarette ein zweites Suchtmittel: das Smartphone. Noch während die Maschine zur Parkposition rollt, summt und bimmelt es im Flugzeug, als sei Weihnachten, wo die Glocken das allerdings »süßer« tun ... Der Ulmer Psychiater Manfred Spitzer nennt das Smartphone das, was die Zigarette vor Jahren war, bevor man aus leidvoller Erfahrung den Genuss mit Warnhinweisen »Rauchen tötet!« dämpfte. Aber auch das allgegenwärtige Smartphone produziert Tote, so Spitzer. Es ist für zehn Prozent aller Unfälle verantwortlich, es löst Stress aus, erhöht den Blutdruck und das Risiko für Infektionen. Und das Gefühl, im Flugzeug ein bis zwei Stunden nicht erreichbar gewesen zu sein, macht viele regelrecht krank.

Besonders gefährdet sind laut Spitzer Kinder und Jugendliche, deren Gehirn noch im Wachsen ist, was durch

Online-Aktivitäten von durchschnittlich 25 Stunden pro Woche massiv gestört wird. Nimmt man das Handy weg – wie es quasi zwangsweise im Flugzeug geschieht –, gäbe es ähnliche Auswirkungen wie bei Alkoholikern, denen man plötzlich die Flasche entzieht. In Deutschland sind bereits acht Prozent der Jugendlichen von »Cybersucht« betroffen, in Südkorea schon 25 Prozent. Junge Leute schauen täglich 150-mal aufs Handy, können sich schlechter konzentrieren als andere und Lerninhalte weniger im Gedächtnis behalten. Spitzer spricht sogar von »digitaler Demenz«. In Kinderhand, so der weltweit anerkannte Experte rigoros, gehören weder Fernsehen noch Smartphone, Laptop oder Playstation.

Doch auch hier ist es wie im wahren Leben: Kinder brauchen Vorbilder, und das sind nun mal wir Erwachsenen. Solange Mama oder Papa in jeder freien Minute chatten oder »mal eben was im Internet nachgucken«, können wir vom Nachwuchs keine Askese erwarten. Da gilt es, Altes mit Neuem zu verbinden: digitales Fasten! Das Smartphone einfach mal ausgeschaltet liegen zu lassen, im Urlaub ganz drauf zu verzichten, um das zu genießen, was ohnehin schöner ist und glücklicher macht: das wahre Leben in der wirklichen Welt.

Der Unhöfliche macht sich arm

Die älteren Leser erinnern sich noch an Fritze Flink. Der Kabarettist Wolfgang Gruner als Berliner Taxifahrer dieses Namens gehörte einst zur ZDF-Rateshow *Der große Preis* wie Loriots Wum und Wendelin. Jüngere Leser werden solch einen originellen Taxifahrer in der Hauptstadt-Realität kaum noch vorfinden. Viele – zum Glück nicht alle! – sind unfreundlich und behandeln ihre Kunden wie Wegelagerer: lautes Radio, schlechte Manieren, Auto zugemüllt. Leider hat man es nach der Bestellung eines Taxis immer eilig, sonst hätte ich schon manchem den Laufpass gegeben und mir ein neues gesucht. Umso wichtiger ist es, sich bei denen, die ihre Dienst(!)leistung ordentlich machen, zu bedanken. Es ist ja auch ein Zeichen von Kinderstube, wenn man seine Arbeit mit einem Schuss Höflichkeit oder einer Prise Freundlichkeit erledigt.

Doch nun soll alles anders werden, denn der Taxiverband verspricht sich viel von einer Höflichkeitsoffensive. Wer in einem Kurs gelernt hat »Guten Tag«, »Bitte« und »Danke« zu sagen, dessen Taxi darf sich Premium-Taxi nennen. Für das Selbstverständlichste der Welt extra eine Schulung? Ja, geht's noch? Höflichkeit ist eine Haltung von Respekt, die zum Einmaleins des menschlichen Zusammenlebens gehören sollte, ohne dass ich mir dafür ein Diplom erwerben muss.

Höflichkeit ist eine jener Eigenschaften, die nichts kosten, aber viel bringen. Doch Kunden und Verkaufspersonal verwandeln Geschäfte oft in Kühltruhen mit Eisatmosphäre. Das ist in den USA völlig anders, wo Angestellte auf Trinkgelder angewiesen sind. Selbst diese »bezahlte« Höflichkeit ist mir tausendmal lieber als die deutsche Muffeligkeit. »Höflichkeit ist eine Münze, die den bereichert, der sie ausgibt«, heißt ein chinesisches Sprichwort. Ich sage: Der Unhöfliche macht sich selber arm.

Blöd ohne Bibel

Was denn das bedeute, fragte mich eine junge Kollegin und las mir den Satz aus einem Zeitungskommentar vor: »Nach der Bundestagswahl 2017 ist sogar eine Neuauflage der schwarz-gelben Koalition möglich, vorausgesetzt die FDP macht den Lazarus.« Lazarus?! Noch nie gehört. Der Autor ist ein altlinker früherer Chefredakteur, alt und links. Der hat es noch drauf, der weiß es wenigstens, obwohl er bestimmt nichts glaubt. Es geht um die historische Begebenheit »Der reiche Mann und der arme Lazarus«, die Jesus Christus vor den Toren Jerusalems erlebt hat. Das Haus wird immer noch gezeigt. Lazarus ist der Mann, der, obwohl klinisch tot im Koma, von Jesus auferweckt wurde. Eine solche Wiederauferstehung hält der Kommentator also mit Blick auf die FDP für wahrscheinlich. Nichts anderes bedeutet dieser Schlenker, der doch irgendwie besser klingt als die übliche Floskel: Mit der FDP ist weiter zu rechnen.

Es sind meist altgediente Politiker oder Journalisten, die das noch draufhaben. Da ist vom »verlorenen Sohn« genauso die Rede wie von Kain und Abel oder der Möglichkeit, dass die Letzten die Ersten sein könnten. Alles nur zu verstehen, wenn man die Bibel kennt, die nicht nur die Grundurkunde des christlichen Glaubens ist, sondern die Grundlage der abendländischen Kultur. Man muss ihr ja nicht glauben, aber sie doch wenigstens kennen. Stattdessen schaffen »fortschrittliche« Politiker, denen der Verstand fortgelaufen ist, den Religionsunterricht ab. Und historische Ignoranten behaupten: »Der Islam gehört zu Deutschland.« Nicht ein Funke Islam hat zu unserer freiheitlichen Demokratie und Kultur beigetragen, nicht mal mit der Lupe wäre das in unserer Historie zu finden.

Alles entstammt dem Alten und Neuen Testament der Bibel. Was Margot Honecker, die sich auch noch Volksbildungsministerin nannte, nicht geschafft hat, erledigen heute demokratisch gewählte Politiker und leider auch oft die Kirchen selbst, deren Hauptangst es ist, als vorgestrig gebrandmarkt zu werden: das Kulturgut Bibel aus unseren Köpfen und Herzen zu verbannen. Finger weg vom Religionsunterricht und von der Bibel! Sonst gibt's noch mehr Bildungsnotstand.

Nach einer Sendung, in der am Rande die Bergpredigt erwähnt wurde, bekam ich folgende Anfrage aus Mecklenburg-Vorpommern: »Lieber Herr Hahne, in Ihrer Sendung wurde eine Bergpredigt erwähnt. Interessant! Können Sie mir bitte Autor und Verlag nennen?« Kein Witz! Trauriger Ernst. Aber das begegnet einem keineswegs nur im Bereich der damaligen DDR. Als ich noch im Rat der Evangelischen Kirche in Deutschland (EKD) saß, erzählte der frühere Hannoversche Landesbischof Horst Hirschler, »wie die Zehn Gebote zu RTL kamen«: Ein Redakteur des TV-Senders rief aus Köln an und fragte, »es soll da Gebote geben, kennen Sie die?« und schrie fröhlich in die Konferenz, aus der heraus er anrief: »Wow, ich habe da einen echten Bischof an der Strippe, und der kennt die Gebote.« Hirschler: »Es gibt die Zehn Gebote.« Redakteur: »Waaaaaas, gleich zehn? Das ist ja der Hammer! Können Sie uns die mal mailen?!« Und so kamen die Zehn Gebote zu RTL, resümierte Bischof Hirschler. Als ich seine Nachfolgerin Margot Käßmann einmal interviewen wollte und einer Kollegin sagte, dass wir das wegen des Feiertages machten, meinte sie: »Ach ja, übermorgen ist ja Halloween!« Vom Reformationstag hatte sie noch nie etwas gehört. Dabei leitete Luthers Thesenanschlag von Wittenberg eine geistesgeschichtliche Wende ein, von der wir heute noch leben. Zusammen mit Gutenbergs Buchdruck-Erfindung eine Revolution gigantischen Ausmaßes, weil so die Bibel und Luthers Streitschriften für jeden zu lesen waren.

Ohne Bibel sind wir schlichtweg verblödet, verstehen nur Bahnhof. Sein Licht nicht unter den Scheffel stellen, kein verlorener Sohn sein, es geht einem an die Nieren, es trifft einen ins Herz oder eben »den Lazarus machen«: alles Weisheiten der Bibel, die der Volksmund zu Volksweisheiten machte. Wer die Hintergründe nicht kennt, kann nicht mitreden. Das gilt auch für die Musikszene. Die Gruppe »Boney M« des Saarländers Frank Farian, in den 1970er-Jahren Top in den Hitparaden, erfährt gerade ein nostalgisches Comeback. Kein Mensch versteht den Text von »By thc Rivers of Babylon« ohne die Bibel, wenn es nämlich heißt: »When we remembered Zion.« Bibelleser wissen mehr! Hinter diesem Buch stecken kluge Köpfe. Hohlköpfe sind die, die meinen, solch ein antikes Buch gehöre ins Museum.

Moral-Deutsch, Gender-Murks und Grammatik-Müll

Die meistgesprochene Muttersprache in den Vaterländern der EU ist Deutsch. Mehr als fünf Millionen Wörter hat unsere schöne Sprache, mit denen man herrliche Gedichte und Romane, aber auch nervige Gesetzestexte formulieren kann. Deutsch ist für Ausländer schwer zu lernen und klingt auch nicht so melodisch wie Französisch oder Italienisch, aber wir haben eine präzise und klare Sprache. Doch die wird durch das Wichtigtuer-Sprech Denglisch, durch das Micky-Maus-Gekürzel wie SMS oder Twitter und durch Gutmenschen-Moraldeutsch zu Tode gequält, bis sie gänzlich auf dem Altar des Gender-Wahns geopfert wird.

Mich nervt, wenn ich es akustisch wahrnehmen muss, besonders dieses ewige: Studierende, Mitarbeitende, Teilnehmende. Das ist keine Sprache, das ist Gender-Murks und Grammatik-Müll. Bis in Kirchen und sogar konservative Zirkel hinein bemüßigt man sich dieser elenden politisch korrekten Sprachverhunzung in dem Glauben, damit Gutes zu tun und niemanden zu benachteiligen oder zu beleidigen. Ein Moraldeutsch mit dem hehren Anspruch der Gerechtigkeit, das die deutsche Sprache beleidigt. Als sich endlich(!) die Erkenntnis breitmachte, dass das ewige Studentinnen und Studenten, Politikerinnen und Politiker oder Hausfrauen und Hausmänner ein zeit- und platzraubendes Geplapper ist, hätte ich mir gewünscht: Es geht wieder normal weiter, denn ich habe noch keine Frau kennengelernt, die ernsthaft über Sammelbegriffe wie Deutsche, Teilnehmer oder Studenten beleidigt gewesen wäre.

Nein, es musste etwas ganz Neues her, künstlich, technokratisch, eine Sprache wie aus der Retorte der Chinesischen Kulturrevolution. So liest man inzwischen so schwachsinnige Stilblüten wie Mitarbeitendenjahresendgespräch, das sich gesprochen wie Loriot oder Irrenanstalt anhört. Kursteilnehmende und Lehrende werden an Volks(!)hoch(!)schulen begrüßt, und StudierendensprecherInnen helfen den Neuteilnehmenden, die richtigen Lehrenden zu finden. Unsere gewachsene Sprache wird systematisch von Gender-TechnokratInnen unter Abwesenheit jeglichen Humors zerstört und, was das Schlimmste ist, unsprechbar gemacht. Neusprech einer verwalteten Welt, kalt und abstrakt, ohne Herz und Seele. Man friert beim Lesen und Sprechen.

Aber auch ohne Hirn! Denn nicht alle Studierenden sind auch Studentinnen und Studenten. Natürlich sind beklagenswerterweise auch nicht alle Studentinnen und Studenten Studierende. Das Partizip Präsens, so was lernte man früher mal in der Schule, bezeichnet »eine gerade im Vollzug befindliche Tätigkeit«, wonach ein Studierender also in diesem Moment studiert, Student und Studentin jedoch auch in der Sonne liegen können, ohne Studierende zu sein. Es geht sogar noch geistloser: Höhere deutsche Bildungsanstalten sprechen inzwischen selbst den Studenten im Singular mit Studierender an, in offiziellen Dokumenten.

Unsere Sprache wird verhunzt, und wir selber verarmen. Ich empfehle einen Test – mit Risiken und Nebenwirkungen: Wer neben eine blutarme gender-korrekte GewerkschafterInnenrede einen vollmundigen Luther-Text legt, der sieht, wohin wir gekommen sind und wie schön und kraftvoll deutsche Sprache doch einmal war.

Von Feuerwaffen und flatternder Wäsche

Die Amis haben schon komische Gesetze. Bis in die 1970er-Jahre durften die Berliner im einst amerikanischen Sektor der Hauptstadt keine »Messer mit stehender Klinge« mit sich führen. Taschenmesser erlaubt, Küchenmesser verboten. Bis ein Beamter bemerkte, dass es US-Hoheit in Berlin gar nicht mehr gibt und das Gesetz in den Müll warf.

Hören wir nicht bei jedem Amoklauf aus den USA, dass dort sogar das Tragen gefährlicher Schusswaffen erlaubt ist?! Wird nicht immer wieder darum gerungen, ob man das nicht verbieten, zumindest aber einschränken soll? Dagegen ist doch so ein Küchenmesser harmlos. Dennoch nehmen die Amerikaner für sich in Anspruch, dass der Besitz und das Tragen von Feuerwaffen ein Zeichen der Freiheit ist. Und die setzt man nicht so einfach aufs Spiel, auch wenn die Zahl verrückter Amokläufer immer größer wird.

Keine Freiheit gibt es dagegen für das Aufhängen von Wäsche. Ich habe mich immer gewundert, warum im warmen Kalifornien, wo manche Leute schöne Gärten haben, nirgends Wäsche zum Trocknen draußen hängt. Von meiner Mutter weiß ich, wie sehr sie sich auf den Frühling freut, wenn endlich wieder frischer Wind die Wäsche trocknet. Die Amerikaner nehmen lieber ganzjährig den Wäschetrockner, ist ja auch bequemer. Ausgerechnet im Sonnenstaat Kalifornien sind Wäscheleinen verboten. Offiziell heißt es: »Sie widersprechen der Schönheit unserer Landschaft und zerstören das gute Bild davon.« Wie bekloppt! Es gibt berühmte Gemälde großer alter Meister, die als einzigen Gegenstand flatternde Wäsche im Meereswind haben.

Künftig werde ich allerdings die Wäsche auch am Pazifik flattern sehen, wenn ich wie jeden November für einige Wochen nach Kalifornien fliege. Der Gouverneur hat wohl eingesehen, dass Klimaschutz und Wäscheleinen-Verbot nicht so richtig zusammenpassen. Verbot aufgehoben, eine historische Tat. Also kann man nun getrost den stromfressenden Wäschetrockner ausrangieren und seine Sachen Sonne und Wind überlassen. Luftgetrocknetes ist allemal frischer – und ich gönne es den Kaliforniern, endlich in diesen Genuss kommen zu dürfen. Jetzt sollte man nur noch schleunigst das mit den Waffen regeln ...

Weihnachten? Ostern? Keine Ahnung!

»Was feiern wir Ostern?«, fragte eine Lehrerin in einem TV-Werbespot ihre Schüler. Nach kurzer Pause schreien alle: »Wicki!« Was als netter Gag für eine Kinderserie im Feiertagsprogramm gedacht war, ist in Wahrheit traurige Realität. Jeder Fünfte weiß nicht, weshalb wir Ostern feiern, so Umfragen. Noch schlimmer steht es um Pfingsten oder Christi Himmelfahrt. Selbst bei Weihnachten kommen die Leute schon ins Schwitzen. Und das in einem Land, wo in jedem Dorf eine Kirche steht. Doch auf deren Kanzeln stehen oft verhinderte Politiker, die in ihren »Predigten« eine Wiederholung der Tagesschau präsentieren. Drohbotschaft mit Polit-Rezepten statt Frohbotschaft der Gnade Gottes. Mir erzählte ein Kollege, er sei nun bereits in sieben verschiedenen Berliner Kirchen zum »Gottes«-Dienst gewesen, in nur einer Predigt sei von Jesus die Rede gewesen. Ein anderer, ein allseits bekannter Auslandskorrespondent, berichtete mir nach dem Weihnachtsgottesdienst in einer SMS, er habe »nicht die frohe Botschaft von der Geburt des Gottessohnes, sondern das Gelaber eines Gleichstellungs- und Flüchtlingsbeauftragten gehört« und schließt mit dem Satz: »Nie wieder gehe ich in eine Kirche.« Schade!

Natürlich gibt es auch andere, lebendige Gemeinden mit guten Pastoren und Predigern, die den Menschen ins Herz sprechen. Sie stellen die Inhalte der uralten Bibel so aktuell dar, dass keine Frage offenbleibt, was nun an Weihnachten oder Ostern historisch passiert ist. Tatsächlich ist Ostern das lebendige Herzstück des christlichen Glaubens. »Wäre Christus nicht auferstanden, so ist der ganze Glaube umsonst«, schreibt der Apostel Paulus bereits in einer Zeit, in der die Zeugen noch lebten. Und kein Märtyrer – bis hin zu den heute verfolgten Christen oder den Widerstandskämpfern des Dritten Reiches – würde doch sein Leben für Märchen und Legenden aufs Spiel setzen.

Mich bewegt jedes Jahr erneut die Feier der Osternacht mitten in Berlin. Die Kirche ist anfangs stockdunkel, Symbol für Trauer und Tod, Karfreitags-Stimmung. Dann wird die Osterkerze entzündet, einer gibt sie dem anderen weiter, bis der ganze Raum erstrahlt. Dann rufen alle: »Christus ist auferstanden!« Und nicht: »Wicki!« wie im Fernsehspot.

Die Nachricht, dass Jesus Christus lebt und nicht im Grab vermodert ist, ist das Beste, was die Welt je gehört hat. So schwer sie zu begreifen ist, so leicht macht sie mein Leben: Wenn der Tod tot ist, der größte Feind des Menschen, gibt es keine hoffnungslosen Fälle. Weil das Grab von Jesus Christus leer ist, gibt es keine begrabenen Hoffnungen. Wäre Jesus nicht auferstanden, gäbe es keinerlei Hoffnung über den Gräbern dieser Welt, und der Tod hätte das letzte Wort. Das will ich nicht glauben. Das muss ich auch nicht, und das ist gut so.

Finger weg von unserem Bargeld!

Ein Europaabgeordneter, der es eigentlich besser wissen sollte, empörte sich, als ich eine Sendung zum Thema »Rettet unser Bargeld vor dem Zugriff der EU« ankündigte. Ich sei wohl einem Aprilscherz aufgesessen, meinte er, während in der Presse längst Experten die Vor- und Nachteile diskutierten, die eine totale Abschaffung des Bargeldes zugunsten eines rein digitalen Zahlungsverkehrs bringen würden. Die Pläne seien schon in der Schublade, alles nur noch eine Frage der Zeit. Die Schweden waren zu der Zeit bereits kurz vor dem endgültigen Aus ihrer Krone als Zahlungsmittel in Scheinen und Münzen, warum also nicht auch die EU?!

Im Januar 2016 (und nicht am 1. April!) wurde die Katze aus dem Sack gelassen. Ausgerechnet auf dem wichtigen Weltwirtschaftsforum in Davos, in Gegenwart führender internationaler Ökonomen und Politiker, unter ihnen die deutsche Kanzlerin, stellte der Chef der Deutschen Bank, John Cryan, die These in den Raum: »In zehn Jahren ist das Bargeld verschwunden.« Die Zukunft heißt: virtuelles Geld mit digitaler Zahlweise. Klar, den Großbanken und ihren Polit-Lobbyisten kommt das gelegen: Bei den zu erwartenden »Minus-Zinsen« kann der Bürger nicht mehr ins Bargeld flüchten (Stichwort Kopfkissen), ihm wird die »Zins-Differenz« gleich elektronisch abgebucht. Volks- und Raiffeisenbanken und die Sparkassen dürften da weniger euphorisch sein, haben sie doch eine ganz andere Unternehmensstrukur und -philosophie, die »nah am Kunden und im Dienste der Sparer« ist.

Da schrillen bei mir alle Alarmglocken! Das ist keine Technikverweigerung, keine Ablehnung des Fortschritts zugunsten verknöcherter Traditionen, das gebietet die Vernunft: Finger weg von unserem Bargeld, sonst haben wir bald den total gläsernen Menschen. Wer dafür offen ist, kann doch nicht ganz dicht sein!

Trendforscher, Finanzexperten und Politiker säuseln uns Vorteile ins Ohr und lullen den kritischen Verstand ein. Der sagt: Wenn wir nur noch mit Kreditkarte und per Computer bezahlen (können), sind wir für Banken und Behörden ein offenes Buch. Unser gesamtes Konsumverhalten ist dann zu kontrollieren und zu registrieren, man kann per Knopfdruck ermitteln, wer was wann wo eingekauft oder bezahlt hat. Weder Aufenthaltsorte noch Geldbewegungen, weder die konkrete Ware noch der Laden sind vertraulich, alles liegt offen. Wer das Bargeld abschafft, raubt uns das letzte Stück Individualität und Privatheit – ich bin höchst erstaunt, dass die Gegner von »Lauschangriffen« und Vorratsdatenspeicherung nicht aufschreien. Und wieder stellt der entmündigte Bürger fest: Die angeblichen Hüter unserer Freiheit sind auch nur opportunistische Heuchler. Peinlich, wenn man mangels Argumenten sogar ins Feld führt, dass sich auf Geldscheinen rund 3000 verschiedene Bakterien befinden. Dann sollte man sich am besten auch nie mehr die Hand geben!

Schwere Geschütze fahren die Überzeugungstäter auf, die völlig aufs Bargeld verzichten wollen: Elektronik sei sicherer und schneller, Bargeld sei etwas für Geldwäscher, Schwarzarbeiter und Steuerhinterzieher. Eine ungeheuerliche Irreführung und ein lächerlicher Generalverdacht. Die Wahrheit: Inzwischen wissen wir, dass sich zum Beispiel der islamische Terrorstaat IS mit bargeldlosen Transaktionen und Hacker-Angriffen auf Konten und Banken am Leben erhält. Die hochgelobten »Bitcoins«, eine bereits eingeführte digitale Währung, gilt unter Experten als neue Terroristenwährung. Das wurde uns einst als die große Errungenschaft bargeldlosen Zahlens verkauft! Ende 2015 wurde ein junger Amerikaner zu elf Jahren Haft verurteilt, »weil er eine minutiöse Anleitung dazu verfasst hat, wie der Islamische Staat (IS) seinen Krieg über digitale Spenden finanzieren könnte – mit sogenannten Bitcoins, einer digitalen Währung im Internet« *(DIE ZEIT)*.

Verraten und verkauft, wer an das Ammenmärchen von Fortschritt und Sicherheit glaubt! Das sicherste Zahlungsmittel ist immer noch das Bargeld. Aus der Geldbörse können Taschendiebe ein paar Scheine klauen, per Hacker-Angriff kann man ganze Konten leerräumen. Mich wundert, dass man von den sonst politisch beredten Kirchen und Sozialverbänden nichts hört. Sollen etwa Bettler, Obdachlose oder Spendensammler künftig mit einem Kartenlesegerät unterwegs sein, ganz zu schweigen vom kirchlichen Klingelbeutel?!

Und was ist das für eine Demokratie, die einem die freie Wahl zwischen bar und Kreditkarte nimmt und einem das bargeldlose Verfahren alternativlos aufzwingt?! »Zugespitzt: Diktatur wird billiger, denn man kann mit wesentlich weniger Mitarbeitern das Verhalten aller Menschen kontrollieren« (Wirtschaftsprofessor Gerald Mann). Deshalb: Finger weg!

Das Internet vergisst nichts

Verzweifelt kämpfen Prominente wie auch Otto und Erna Normalbürger darum, Verleumdungen und Rufschädigungen aus den »sozialen Netzwerken« zu löschen. Denn was sich wohlklingend als »sozial« verkauft und in den anderen Medien auch noch dauernd so bezeichnet wird, erweist sich immer mehr als asozial. Es gibt nichts, was der feige, weil anonyme Mob da nicht alles so loslässt. Und dann diese »Shitstorms«, diese Fäkal-Stürme billigster Hetze, die in Minuten Tausende »like«-Klicks bekommen – natürlich auch das alles schön anonym. Wo sind da eigentlich die Grünen und Linken, die doch einst das Vermummungsverbot bekämpften? Das war ein laues Lüftchen gegenüber dem, was wir heute erleben!

Selbst wenn die Betreiber, die längst um die Nummer eins in der Welthoheit konkurrieren, als befänden sie sich im Dritten Weltkrieg, dauernd beteuern, Schmähungen würden erst gar nicht veröffentlicht: Sie schaffen ja noch nicht einmal das Löschen. Hilflos stehen wir vor dieser Macht eines Mediums, von dem Orwell oder Huntington in ihren dunklen Prophezeiungen noch nicht einmal zu träumen wagten. Wen »www« erst mal in seinen Klauen hat, der kommt nicht davon los.

Doch wie blöd muss man sein, mit diesem Wissen im Hinterkopf dem Netz weiterhin sein Allerprivatestes anzuvertrauen. Da werden Spitzenpolitiker zu naiven Teenies, wenn sie ihre Lieblingslokale verraten, ihren letzten Kinobesuch twittern oder ihren Urlaubsort nennen. Aber wir haben ja die Polizei, die die Plapper-Politiker notfalls auf Steuerzahlers Kosten schützen kann. Es ist doch ein Witz, dass oft dieselben Parlamentarier, für die Datenschutz die neue Religion und Vorratsdatenspeicherung eine Todsünde sind, am meisten in diesen Netzwerken unterwegs sind. Solche Vorbilder kann man »in der Pfeife rauchen«.

Der Polizei in der westfälischen Kleinstadt Hagen ist es zu verdanken, dass es im Herbst 2015 wenigstens mal ein kurzes Innehalten gab. Die Beamten warnten dringend davor, Urlaubsfotos kleiner Kinder einfach ins Internet zu stellen, als sei es das Normalste von der Welt. Wer nicht normal tickt, für den seien vor allem Badefotos ein Eldorado perverser Lust. Man solle auch bedenken, dass Kinder sich nicht wehren können und später mit diesen öffentlichen Bildern leben müssen. Traurig, dass solch eine Warnung überhaupt nötig ist.

Monate später bekamen die verantwortungsbewussten Polizeibeamten bereits recht: Ein dänischer Vater hat ein Foto bei Facebook hochgeladen, das ihn mit seiner zweijährigen Tochter nackt in der Badewanne zeigt. Das irre Internet geißelte ihn in einem gigantischen Shitstorm als Pädophilen. Blödsinn – doch schlimmer ist, dass solche privaten (!) Schnappschüsse Futter für entsprechende Leute sind. Das arme Kind kann sich nicht wehren! Elterliche Sorge ist ein Rechtsbegriff im abendländischen Europa und gehört in die Kategorie »Kinderrechte«. Das sollte sich schleunigst herumsprechen!

Panik-Deutsche und Wetter-Demokratie

Das Lieblingsthema der Deutschen ist das Wetter. Fällt einem sonst nichts ein im Taxi oder Bahnabteil, das Wetter sorgt immer für unverbindlichen Gesprächsstoff. Dabei kann man stets das gleiche Muster beobachten: Selten sagt jemand, wie toll draußen gerade die Sonne scheint und das Klima prima ist. Wir finden auch bei schönstem Sonnenschein die Schattenseiten des Wetters. Gerade bei diesem Thema erweisen wir Deutschen uns als die, als die wir generell wahrgenommen werden: Weltmeister im Wehklagen. Ein paar Flöckchen werden sofort zur Schneekatastrophe, ein kleiner Glättestau zum Verkehrschaos. Alles ist bei uns immer gleich extrem, unterhalb von Superlativen wie Katastrophe oder Chaos machen wir's in Deutschland nicht.

Erst liegen wir uns wochenlang mit Rudi Carrells Ohrwurm in den Ohren: »Wann wird's mal wieder richtig Sommer?« Und sind die ersehnten Temperaturen erst mal da, dann wettern wir übers Wetter, was das Zeug hält. Zu viel Sonne, zu wenig Abkühlung, unerträgliche Hitze bis in die Nacht ... »Muss es denn gleich so viel sein?« Doch gut, dass es keine Wetter-Demokratie gibt! Denn wem unter den Meckerfritzen und Miesepetern sollte man es recht machen? Die Bauern wählen den lebenswichtigen Landregen, die Nordseeurlauber Sonne, die einen wollen es knackig heiß, die anderen lieber kühl ...

Dabei hilft es schon, nicht das Falsche zu essen, zu trinken oder anzuziehen. »Es gibt kein falsches Wetter, es gibt nur falsche Kleidung«, heißt es an der See oder in den Bergen. Doch das gilt generell: Dinge, die man nicht ändern kann, sollte man dankbar annehmen und das Beste draus machen. Und immer an andere denken! Im Vergleich zu den dürren Hungergebieten ohne Wasser oder dem ewigen Eis geht es uns allemal besser. Doch wir Panik-Deutschen machen lieber unserem Ruf alle Ehre und wettern weltmeisterlich. Seien wir doch einfach mal zufrieden!

Von Herbstgebäck und Winterhasen

Es ist der 24. August 2015 – 34 Grad in Südtirol, ganz Europa ächzt unter der Hitze. Wandern ist für mich nur in kühleren Höhen erträglich, ansonsten rettet man sich lieber in den Schatten zu Eistee oder Schorle. Im Smartphone schaue ich, was es Neues gibt. Flüchtlingsdrama, Griechenlandpleite, Champions-League-Auslosung ... und ... einer der bekanntesten Keks-Konzerne verkündet, dass ab heute das Weihnachtsgebäck im Handel ist. Mitten im Sommer bei Höllentemperaturen die Plätzchen zum himmlischen Fest. Herr, erbarme dich! Sind wir denn total verrückt geworden?! Spekulatius, Zimtsterne, Dominosteine ... Die Kunden verlangten danach, ist die ärmliche Erklärung eines erbärmlichen Konzernvertreters.

Ganz nebenbei tut er die frohe Botschaft kund, man wolle damit den Marktanteil im stagnierenden Absatz des »Herbstgebäcks« steigern. Was scheren einen Jahreszeiten, Adventszeit oder Christfest, wenns ums Geschäft geht. Stattdessen als »Trick 17« ein neuer Name, den ich erstmals höre: Herbstgebäck! Clever, clever, Herr Keks-Bäcker.

So machen es die Politiker ja auch, die Steuererhöhungen als Zukunftsprogramm verkaufen oder Asylbewerber (die auch abgelehnt werden können) in allgemeine (Kriegs-)Flüchtlinge umtaufen. Hauptsache es klingt gut, und die Bürger ertappen einen bei der Entmündigung nicht, indem man ihnen einen neuen Wortschatz in den Mund legt. Sozusagen mundgerecht süß und verlockend schön. Wer hinterfragt da noch, was vordergründig doch alles so wohl klingt. Süßer die Kassen nie klingeln ... »Im heißen August Adventsgebäck im Angebot«, das wäre Klartext. Doch kurz vor Herbstbeginn wirkt Herbstgebäck geradezu politisch korrekt. Und wen interessiert es schon, dass jenes Gebäck in Sternen- und Glöckchenverpackung daherkommt. Hauptsache Geschäft.

Warum betrügen wir uns und unsere Kinder eigentlich um die Jahreszeiten? Dass jeder dieser Jahresabschnitte eine besondere Bedeutung und besondere Gewohnheiten hat, die nur deshalb so schön sind, weil sie nicht immer zu haben sind. Jeden Tag Torte ist genauso langweilig wie jeden Tag Christbaum. Wenn immer alles zu haben ist, ist nichts mehr besonders. Wer im August mit Zimtsternen beginnt, kann sie im Dezember nicht mehr sehen. Aber dann könnte man ja als Zwischenphase Ostereier verkaufen – und den Hersteller Winterhase nennen.

Das Du zum Schleuderpreis

»Wir können uns doch gleich duzen«, sagt die Maklerin zu einer wildfremden Kundin in einer Fernsehserie, in der Wohnungen vermittelt werden. Sie seien ja schließlich fast gleich alt. Als ob das ein Kriterium wäre. Wieder einmal ist das Intimste, was es zwischen nicht verheirateten Leuten gibt, zum Schleuderpreis weggeworfen worden: Das kostbare Du, das der jüdische Religionsphilosoph Martin Buber geradezu für heilig hält. Schlimm ist diese Marotte bei Frommen. Ich muss doch niemand duzen, nur weil er durch Christus mein Bruder ist. Wo gibt's denn so was. Ganz kurios wird es, wenn sich ein blutjunger Volontär vorstellt mit den Worten: »Ich bin der Sven!« Meine prompte Antwort jeweils: »Und ich bin der Herr Hahne.«

Ich werde nie vergessen, wie feierlich es war, als mir große Theologen und international bekannte Redner wie Dr. Gerhard Bergmann oder Pfarrer Paul Deitenbeck das

Du angeboten haben. Wir kannten uns seit vielen, vielen Jahren. Noch feierlicher war es bei einem Kollegen, den alle als TV-Moderator kennen. Wir arbeiteten jahrelang in Mainz engstens zusammen, ohne dass ich je auf die Idee gekommen wäre, diesen älteren, lebenserfahrenen Vorgesetzten auch nur ansatzweise zu duzen. Dann lud er mich nach Hause ein, wo seine Frau ein exzellentes Abendessen vorbereitet hatte. Beim Dessert erhob er das Glas und sagte: »Wir beiden kennen uns nun seit 15 Jahren, und zwischen uns passt nicht das sprichwörtliche Blatt Papier. Ich denke, ab jetzt sagen wir Du zueinander.« Selten habe ich mich über etwas so gefreut.

Das Du ist keine Ramschware, es ist die höchste Auszeichnung für Vertrauen, sozusagen das Besiegeln einer echten Freundschaft. Mehr gibt es nicht! Und wer das entwertet, der weiß nicht, was er tut. »Everybodys darling is everybodys Rindviech«, sagte Franz Josef Strauß. In der Politik duze ich eine Handvoll Spitzenleute, höchstens. Einer ist unheilbar krank. Als er mir nach einem vertraulichen Gespräch sagte, er als der Ältere (und nicht Sven, der Volontär!) biete mir das Du an, habe ich geweint. Lieber lasse ich mich als arrogant beschimpfen, als diese weinselige Verbrüderung und Duz-Inflation Standard werden zu lassen. Seine Familie und die Glaubensgeschwister kann man sich nicht aussuchen, aber mit wem ich befreundet bin und ihn deshalb duze, das entscheide ich gefälligst selbst.

Dr. med. Google und die Todesangst

Smartphones, Computer, Internet – auch die Medizin ist digital zu haben. Als ich am Hals einen dicken Lymphknoten spürte und im Gaumenbereich eine Schwellung zu fühlen war, setzte ich zunächst die Internet-Suchmaschine Google in Gang. Ich gab die entsprechenden Stichworte ein und landete auf diversen Gesundheits-, Arzt- und Diagnose-Seiten und in Selbsthilfe-Foren. Immer tiefer drang »Dr. med. Digital-Hahne« in die Materie ein, wurde hierhin verlinkt und dorthin weitergeleitet – bis nach einer halben Stunde feststand: Ich habe nicht mehr lange zu leben. Die Symptome scheinen eindeutig, die Diagnose der reinste Horror. Ein echter Schock.

Glücklicherweise habe ich – im Gegensatz zu vielen Mitmenschen – keine Angst vor dem Arzt und erst recht nicht um mein Leben. Da der Hals-Nasen-Ohren-Arzt um die Ecke wohnt, suchte ich ihn mitsamt meiner eigenrecherchierten Internet-Diagnose auf. Der lachte nur, setzte zur Sicherheit sein Röntgengerät in Gang, machte im Gaumen einen Schnitt, förderte ein kleines weißes Kügelchen zutage, was sich dort gebildet hatte – und ich freue mich seitdem wieder meines Lebens.

Ich hab's dann bei »Dr. Google« noch mal mit erfundenen Symptomen versucht und heftig geklickt und gesucht – der reinste Horror, je weiter man in seiner Laien-Diagnose kam. Zwei Drittel aller Deutschen schaut zunächst im Internet nach, wenn Symptome auf Krankheit deuten. Doch wer seine Beschwerden bei »Dr. Google & Co.« eingibt, bekommt meist einen Schrecken, der bis zu Todesangst führen kann – und zu der Angst, vorsichtshalber keinen Arzt aufzusuchen, der das auch noch bestätigen könnte. Ein ähnliches Phänomen beobachten Psychologen bei diesen schwachsinnigen Horoskopen. Die Leute steigern sich so da hinein, dass sie schließlich zu spüren glauben, was ihnen dort (vorher-)gesagt wird. Die virtuelle und reale Welt verschwimmen und verdichten sich zu einer echten Phobie. So kommen die Internet-Doktor-Opfer mit fertiger Diagnose zum Arzt und sind empört, wenn der eine eigene und dann auch noch andere Diagnose stellen will als der gegoogelte »Morbus Digitalis«.

Viele trauen sich nach der Internet-Diagnose auch nicht zum Arzt und versuchen es mit »Selbstmedikation«, indem sie irgendwelche Tabletten schlucken, die sie noch zu Hause haben. Sie verstricken sich immer tiefer in entsprechende Foren des Internets und starten eine Selbsttherapie, die dramatische Risiken und Nebenwirkungen in sich bergen kann. Wer zum Beispiel ein Kratzen im Hals oder Symptome einer Grippe eingibt, landet schnell bei Mönchspfeffer, Wärme, Entspannungsübungen, Nachtkerzenöl, Johanniskraut, homöopathischen Mitteln oder chemischen Hämmern, diversen Säften und Suppen und chinesischen Kräutern.

Am besten: Finger weg! Lieber zum Arzt des Vertrauens gehen, statt der Digital-Diagnose zu vertrauen, von der man gar nicht weiß, wer die Daten überhaupt ins Internet gestellt hat. Dennoch: Bei Beschwerden fragen Sie Google – nach Adresse und Telefonnummer eines realen Arztes!

Der rechte Arm der Queen

Was war das für ein Glanz im Land, das von Polit-Streit, Streiks und dem Geschacher um das Amt unseres Staatsoberhauptes alle fünf Jahre die Nase voll hat. Zum fünften Mal kam die Queen, scheinbar seit Ewigkeiten auf dem britischen Thron, zu uns auf Staatsbesuch. Die beiden Alten, Königin Elizabeth II. und Prinz Philipp, sehen aus wie eh und je, phänomenal alterslos, und das schon fast ein ganzes Jahrhundert. Irgendwie sind wir mit ihnen aufgewachsen, sie scheinen »ewiger« als der wechselnde Papst. Umso größer der Jubel, sie nun noch einmal live zu erleben im Juni 2015. Doch kaum waren ihre Reisekoffer im Buckingham Palast wieder ausgepackt, schockierte eine Nachricht die Welt. Besser: Ein Bild war es, das die Massen in Bann zog. Hatten wir das etwa übersehen, als wir sie in Deutschland bejubelten?!

Es war nämlich ein Amateurfilm aufgetaucht, der die Queen mit Hitlergruß zeigt. Elizabeth mit rechtem Arm hoch, zackig salutierend. Und wie nicht anders zu erwarten, lief auf Knopfdruck die Empörungsmaschinerie an. Leute, lasst die Kirche im Dorf! Elizabeth war damals, als sie zusammen mit ihrem in der Tat nazi-freundlichen Onkel Edward den rechten Arm hob, ein siebenjähriges Mädchen. Will man etwa bei einem Kind Maßstäbe ansetzen, die für Erwachsene selbstverständlich zu gelten haben?!

Auch Deutsche haben ähnliche Bilder auf dem Dachboden, als Oma oder Uropa Kinder waren. Spätestens 1936 hob die halbe Welt den rechten Arm bei der Eröffnung der Olympischen Spiele in Berlin. Widerstandsgeist war mehr bei aktiven Athleten zu spüren als beim internationalen Publikum, obwohl es für dunkelhäutige oder jüdische Sportler schon lebensgefährlich war, sich dem nationalsozialistischen Ungeist nur allein durch Gesten zu widersetzen.

Beurteilt werden muss ein Mensch danach, was er als Erwachsener macht. Da gibt's kein Pardon. Da verstehe ich keinen Spaß. Lasst also die Queen in Ruhe und freut euch, dass es in Europa noch solch »ewige« Institutionen gibt.

Großer Spott und kleine Brötchen

»Ach, ihr Deutschen!« Selten bin ich in den USA so oft auf unser Land angesprochen worden wie im Kalifornien-Urlaub 2015. Seit über zwanzig Jahren fahre ich in dieselben Orte, treffe dieselben Menschen wieder und habe einen Vergleich über wechselnde Stimmungen und Situationen. Dass die Amerikaner die Wirtschaftskrise nach dem Banken-Crash überwunden haben, sieht man an allen Ecken und Enden. Das hebt die Stimmung im Lande, obwohl die Amis – anders als wir Deutschen – ohnehin nie zur Wehleidigkeit neigen. Weltmeister im Wehklagen, diesen Titel verdienen *wir* uns nach wie vor redlich und verteidigen ihn verbissen.

Jetzt fragt man mich voller Hohn und Spott: »Was ist denn mit euch los? Ihr wisst immer alles besser, gebt auf der Weltbühne den Oberlehrer und kritisiert und karikiert uns Amerikaner als Weltpolizei, aber das mit den Flüchtlingen bekommt ihr nicht gebacken. Ihr öffnet eure Grenzen und wisst noch nicht einmal, wie viele Menschen einreisen und vor allem: wer da in euer Land kommt!« Bei der Ausreise in Los Angeles habe ich sogar mein kleines Bürstchen für die Zahnzwischenräume präsentieren müssen, nach Deutschland können wildfremde Menschen ohne Pass einreisen und die Polizei führt Strichlisten, statt scharf zu kontrollieren. Ich fand keinen einzigen US-Bürger, der für diese »Flüchtlingspolitik nach deutscher Art« auch nur ein Körnchen Verständnis gehabt hätte. Im Gegenteil! In den amerikanischen Zeitungen, in denen Deutschland eigentlich nur mit Mini-Meldungen vorkommt, stehen Hohn und Spott jetzt auf den Titelseiten und in den Kommentarspalten. Das tut richtig weh.

Nächster Spott-Spruch: Ihr nervt uns mit Umweltschutz und Klimazielen, aber ihr trickst und lügt und liefert uns manipulierte Autos, die unsere Luft vergiften. Der VW-Skandal hat das Vertrauen in »Made in Germany« in den Grundfesten erschüttert. Bisher bewunderte man in den USA die preußischen Tugenden als deutsches Markenzeichen: Zuverlässig, glaubwürdig, präzise, ehrlich, hoher Qualitätsstandard der Arbeit. Alles futsch! Es genügte eine Automarke, um alle Branchen zu beschädigen. In Palo Alto oder Menlo Park mit der weltberühmten Stanford-Universität, im sogenannten Silicon Valley mit seinen Computer- und Internetgiganten, gehörte es zum gehobenen Stil, einen »frisierten Käfer« oder einen Porsche vor der Garage stehen zu haben, schön sichtbar als Statussymbol. Das ist jetzt eine Lachnummer wie auf einer Comedy-Bühne.

Der Spott der Amis tut so weh, weil er berechtigt ist. Enttäuschung ist bitterer als Empörung. Ich habe gelernt, ganz kleine Brötchen zu backen, wenn ich mich als Deutscher geoutet habe. Und was ich nie geglaubt hätte: Es half mir, mit der SwissAir geflogen zu sein, sodass ich in der Warteschlange am Zoll zunächst für einen Schweizer gehalten wurde. Die herablassende Kontrolle meines Gepäcks, früher Formsache, begann erst, als ich meinen deutschen Pass vorzeigte.

Alt, arm, abgeschoben – muss das sein?

Nichts ist schlimmer als die Verlogenheiten auf Beerdigungen oder Abschiedsfeiern. Klar sagt man über Tote nur Gutes und über Jubilare nur Schönes – doch das hätten die sich wahrscheinlich zu Zeiten ihres aktiven Lebens lieber gewünscht statt jetzt, wo alles vorbei ist. Aber am schlimmsten ist es, wenn ein gestern noch rüstiger, tatendurstiger und geistessprühender Mitarbeiter oder Chef in den Lebens-»Abend« geschickt wird und mit einer Angel, einem Schachbrett oder einem Bücherberg, vor allem aber mit salbungsvollen Worten verabschiedet wird. Nach Achtstundentagen, nach vielen Überstunden und Wochenendbereitschaften jetzt Knall auf Fall im Lehnstuhl lesen oder am rauschenden Bach geduldig auf Fische warten ... Prost Mahlzeit! Dabei fehlt zunehmend das Geld, um »die Rente« genießen zu können.

Ein Gutes hat die viel beklagte leere Rentenkasse allerdings: Von einer gesetzlich festgelegten Regel-Altersgrenze muss man Abschied nehmen. Viele brauchen mehr Arbeitsjahre, weil die Rente sonst nicht reicht. Es ist ein Skandal, dass für alles Geld da ist, nur der in Abschiedsfeiern so gern beschworene »verdiente Ruhestand« unbezahlbar wird. Jeder, der aufhören will oder es gesundheitlich muss, sollte von seiner Rente leben können. Doch für die, die gerne weitermachen würden und es nicht durften, weil Altersgrenze und Jugendwahn Hand in Hand eine Weiterbeschäftigung verhinderten, eröffnen sich neue Perspektiven. Es sind ja diese abschreckenden Beispiele, die dazu anspornen – auch in meinem Umfeld erlebe ich das: Aus einem dynamischen Kollegen, der partout in den Vorruhestand wollte, ist ein langweiliger, früh gealterter Mann geworden.

Nein, viele wollen weitermachen, weil wir Heutigen immer älter werden und im Alter immer länger gesund bleiben. Man will gebraucht werden, nicht abgeschoben. Unsere Gesellschaft verzichtet auf »eine Fracht von Lebenserfahrung«, so der Schöpfer des Kleinen Prinzen, Antoine de Saint-Exupéry, wenn sie das Potenzial berufserfahrener, rüstiger Rentner brachliegen lässt. In Notzeiten zieht zum Beispiel oft nur der »Bellheim-Effekt«, wo man die Alten wieder zurückholt, um zu helfen oder zu retten. In der Flüchtlingskrise ist man doch froh, dass Pensionäre mit ihrer Erfahrung schnell und unkompliziert einspringen. »Ausschlafen kann ich, wenn ich tot bin«, sagte einer in die TV-Kameras.

Wir machen uns selber arm, wenn wir die reiche Kompetenz der Älteren nicht nutzen. Und wir sind schuld, wenn Zwangsruheständler in ein tiefes Loch fallen, krank und depressiv werden, weil sie sich ausgemustert und nutzlos fühlen. Schade, dass das erst bei leeren Rentenkassen auffällt. Doch lieber spät als nie.

The german angst

Wenn Deutsche das Wort Angst steigern wollen, dann sprechen sie von Heidenangst. Der Amerikaner hat dafür inzwischen die »denglische« Kombination »the german angst«. Ähnlich wie Kindergarten oder Autobahn ist der Begriff Angst direkt aus dem Deutschen übernommen. Die Heidenangst der Amis ist also die »german angst«, weil man Deutschland als Weltmeister im Wehklagen, als hysterisch und panisch wahrnimmt. Mir sagte mal sarkastisch ein Kalifornier, man sei ja froh, wenn irgendetwas Schlimmes nicht in Deutschland, sondern anderswo passiert. Die Germanen würden immer gleich überreagieren. Paradebeispiel: die Katastrophe im Atomkraftwerk von Fukushima 2012, die die ganze Welt erschütterte. Deutschland war das allererste Land, das (im Gegensatz zu Japan) »Konsequenzen« zog. Obwohl bei uns kein Tsunami zu erwarten ist und wir auch nicht so blöd sind, ein Kernkraftwerk auf eine aktive Erdspalte à la Fukushima zu bauen. Viel schlimmer: Die »unsicheren« Atommeiler umgeben uns weiterhin in direkter Grenznähe – schönes Europa!

Im Herbst 2015 war es mal wieder so weit, als eine Studie der Weltgesundheitsorganisation WHO zur Schlagzeile gerann: »Wurst ist krebserregend!« Während andere Nationen zur Tagesordnung übergingen, weil man beim Gedanken an tödliche Verunreinigungen ja sonst nicht mal mehr atmen dürfte, bebte das ehemalige Land der Dichter und Denker. Alle möglichen Schnelldenker wurden zu Experten und dichteten fleißig und publikumswirksam an Angst einflößenden Horrorszenarien. Es mussten doch tatsächlich bodenständige Metzger aufgeboten werden, um dem Volk eine Angst zu nehmen, die es vorher gar nicht hatte. Auch der Bundeslandwirtschaftsminister wurde mit üppiger Wurstplatte in *BILD* ins Bild gesetzt, um die Gemüter zu beruhigen.

Klar, Gammelfleisch-Wurst ist nicht gerade appetitlich und allzu viel Tierisches ungesund, doch gleich die Krebs-Keule rauszuholen, das ist schon etwas happig. Aber für solche Nachrichten haben die Namenspatrone der »german angst« eine merkwürdige Antenne. Was hat uns nicht alles schon in Angst und Schrecken versetzt, manchmal lernten wir pro Jahr einen neuen chemischen Begriff kennen, der mehr unserem Bildungsnotstand als unserer Gesundheit den Kampf ansagte: Dioxin, BSE, Formaldehyd und wie die Skandale alle hießen. Als ginge es um Leben und Tod, erregte sich unser Land in TV-Sondersendungen und Trübsal-Talks, Tiere wurden dem Massentod zugeführt und Lebensmittel der Müllverbrennung.

Und all das geschieht genau in jenem Volk, das laut Statistik immer älter wird – und im Alter immer gesünder bleibt. Irgendwas muss da wohl nicht stimmen, und ich wünschte mir die Gelassenheit von Italienern, Franzosen oder Amerikanern, die unhysterisch reagieren, ohne unhygienisch zu sein.

Weihnachten oder Totensonntag?

Es war auf der Zugfahrt in meine westfälische Heimat, am Tag vor Heiligabend. Am Berliner Hauptbahnhof ein Riesengedränge, meist Familien mit Kindern, bepackt mit bunten Päckchen, Geschenkpapierrollen ragen aus den Rucksäcken, Teddys auf dem Arm, die Eltern mit Riesen-Rollkoffern. Na, das kann ja heiter werden, musste ich denken, als der gesamte ICE-Waggon wie eine große Grundschulklasse wirkte, wie Kindergeburtstag und Schulfest in einem. Doch nach fünf Minuten breitete sich eine tiefe Stille über den Zug. Allein der Schaffner war zu hören, der die Fahrkarten sehen wollte. Eine Stille, als wäre Karfreitag und nicht Weihnachten, als wäre Totensonntag mit verordneter Staatstrauer und nicht das fröhliche Familienfest. Jeder, wirklich jeder, hantierte mit einem dieser elektronischen Dinger von Smart- bis iPhone, die meisten hatten Stöpsel in den Ohren oder Kopfhörer von gigantischen Ausmaßen aufgesetzt. Jeder, wirklich jeder war in seiner eigenen Welt. Ob Junge oder Mädchen, ob jung oder alt.

Und genau da fängt das Problem an: Ich hörte nirgends einen Vater oder eine Mutter mit der Aufforderung, die ich früher immer als nervig empfand: Lass uns doch mal was spielen. Hier wäre es eine Erlösung gewesen. Kinder, die lachen und streiten, ein paar Verlierertränen oder vor Siegestaumel umgeworfene Flaschen. Nur dass etwas los gewesen wäre, ich hätte auf meine eigene Ruhe gerne verzichtet. Nein, die Eltern waren auch in ihre jeweilige Welt versunken. Wahrscheinlich signalisierte sich die Familie noch per SMS das Kommando zum Aussteigen. Unfassbar: neunzig Minuten Bahnfahrt in einem Waggon voller Familien, und kaum ein Sterbenswörtchen, Totenstille. Wie armselig! Alle Vorurteile gegen dieses elektronische Teufelszeug, das auch am göttlichen Fest den Alltag bestimmt, wurden mir bestätigt. Was soll aus diesen Kindern mal werden, deren gesamte Kommunikation aus totenstillen Wortfetzen in Micky-Maus-Sprache besteht, die keinerlei Kontakt zu denen haben, die gerade um sie herumsitzen. Jeder versunken in eine eigene Welt, allein in der Masse. Ich denke an den Dichter Hermann Hesse: »Leben heißt einsam sein. Keiner sieht den andern, jeder ist allein.« Wenn das die Zukunft der nachfolgenden Generation ist, dann Prost Mahlzeit!

Apropos Mahlzeit: Im Speisewagen traf ich dann eine Großmutter, die mit ihrem kleinen Enkel Halma spielte. Halma! Die elektronisch gesteuerten Klick-Kids im Zugabteil nebenan wissen wahrscheinlich gar nicht, was das ist. Die beiden lachten, unterhielten sich und schauten ab und zu nach draußen und kommentierten sogar die Landschaft. Die beiden wirkten wie aus der Zeit gefallen. Als ich der älteren Dame das sagte und sie beglückwünschte, meinte sie: Und mein Jakob wird Sie kaum kennen, denn einen Fernseher haben meine Kinder auch nicht. Na ja, übertreiben muss man ja nicht gleich ...

Himbeer-Tee im Bundesgerichtshof

Was eigentlich dem normalen Menschenverstand entspricht, dafür bedurfte es eines allerhöchsten Richterspruchs: Wo Himbeeren drauf sind, müssen auch Himbeeren drin sein, so entschied der Bundesgerichtshof in Karlsruhe. Verbraucherschützer hatten eine Teefirma wegen Irreführung der Kunden verklagt. Der konkrete Gegenstand der Empörung: Auf der knallroten Verpackung waren neben einem beliebten Kinderbuch-Hasen auf seinem Skateboard große Himbeeren und Vanilleblüten abgebildet mit dem Hinweis, dass in diesem Tee »nur natürliche Zutaten« enthalten sind. Entweder die Werbeexperten hatten bei der Kreation einen im Tee, oder es ist bewusster Etikettenschwindel. Denn in dem Tee war nicht mal ein Hauch von Himbeer und Vanille.

Dreist die Verteidigung: Auf der Verpackung hätte doch eine korrekte Zutatenliste gestanden, aus der eindeutig hervorgegangen ist, dass weder Himbeeren noch Vanille enthalten sind. Ja, für wie blöd soll der Verbraucher denn gehalten werden?! Es ist doch völlig klar, dass ein Bild der Früchte plus Zusatz, alles sei natürlich, beim Käufer den Eindruck erweckt (und wahrscheinlich auch erwecken soll!), dass der Tee aus den abgebildeten Naturprodukten besteht.

Und wer liest schon die Zutatenliste, für die man meist eine Lupe braucht, weil eine Lesebrille nicht reicht. Ich frage mich bei vielen Lebensmitteln, warum die gleiche Technik wie bei Bank- oder Versicherungsverträgen angewandt wird: Das Wichtigste steht im Kleingedruckten. Warum wird einem die Freude am Einkaufen genommen, weil man dauernd misstrauisch sein muss, betrogen und belogen zu werden. Auf lange Sicht währt ehrlich am längsten, weil auch beim Einkauf die Volksweisheit gilt: Wer einmal lügt, dem glaubt man nicht ... Ganz schlimm ist es bei den Verpackungsgrößen. Da wird der Eindruck erweckt, man bekäme viel für sein Geld. Im Endeffekt hat man viel Luft gekauft.

Was für Tee und Lebensmittel gilt, sollte genereller Standard sein: Was draufsteht, sollte drin sein. Wenn Zeitungen sich im Titel stolz und selbstbewusst »unabhängig« nennen, dann erwarte ich das auch. Wenn ein Blatt unter christlich oder kirchlich firmiert, dann will ich keinen Abklatsch von *Bäckerblume* oder *Apothekenumschau.*

Etikettenschwindel ist letztlich Entmündigung, weil das Volk für dumm verkauft wird in der Annahme, es merkt schon keiner.

Sprachpflege und Schrott-Wörter

Das war schon ein herber Schlag, denn beides las ich auf einer einzigen Titelseite einer sogenannten Qualitätszeitung: »Streik vorprogrammiert« und »Lehrerverbandschef entschuldigt sich«. Es regt mich auf, wenn bestimmte deutsche Wörter immer wieder falsch gebraucht werden. Selbst in Rundfunk-Nachrichten oder Feuilletons, wo meist Leute an den Schalthebeln sitzen, die allesamt eine akademische Ausbildung vorweisen können! Vorprogrammiert ist ein Unwort. Ich habe noch jeden Kollegen in der Luft zerrissen, der mir das in ein Manuskript geschrieben hat. Vorprogrammiert ist ein weißer Schimmel. Jeder Programmierer weiß, dass man immer im Voraus programmiert – wohin denn sonst?! Pro (lateinisch) heißt ja »vor«, vorprogrammiert ist also ein Pleonasmus oder zu gut Deutsch: doppelt gemoppelter Unsinn. Richtig heißt es schlicht und ergreifend: programmiert.

Bis in die Spitzen unserer Gesellschaft hinein wird das Wort »Entschuldigung« falsch gebraucht, wenn man jemand um Verzeihung bitten will. Sorry, aber »Entschuldigung« gibt's nicht, das ist auch ein Unwort. Meist wird es ja sogar noch reduziert auf »Tschulljunk«. Entschuldigen kann mich, und so viel Deutsch sollte man verstehen, nur der, dem ich etwas schulde. Will sagen: Wenn mir etwas leidtut, kann *ich* nicht sagen »Entschuldigung«, sondern nur der andere. Ich kann nur um Entschuldigung bitten, die mir der andere dann gewähren kann.

Selbst in Rücktrittserklärungen von Spitzenpolitikern kommt es vor, dass da jemand – ans Volk gerichtet – sagt: Ich entschuldige mich. Das ist schön und gut, dass er oder sie sich entschuldigen. Diese Selbsterlösung ist jedoch sprachlicher Unsinn. Vielmehr muss es heißen: Ich bitte die Bürgerinnen und Bürger um Entschuldigung, weil ich dies oder jenes falsch gemacht habe. »Entschuldigung!« geht einem eben leichter über die Lippen, als darum ausdrücklich zu bitten.

Zur Höflichkeit kommt auch noch der Aspekt, den das schöne Wort »Sprachpflege« beschreibt. Wer etwas pflegt, und sei es den Rasen oder den Birnbaum im Garten, betreibt Kultur, weil er etwas kultiviert, also veredelt. Pflegen wir also unsere schöne Sprache, bevor alle so sprechen wie Micky Maus oder Tweets und Twitter!

Solange wir vorgeben, Deutsch zu sprechen und zu schreiben, müssen wir uns schon an die Sprache und deren Bedeutung halten, sonst können wir auch Englisch oder Suaheli sprechen. Also, ihr lieben Vorbilder aus Staat und Gesellschaft, die ihr Zeitungsartikel, Nachrichtensendungen oder politische Erklärungen textet: Bitte, »vorprogrammiert« und »Entschuldigung« aus dem Wortschatz streichen. Denn dieser sprachliche Nonsens ist kein Schatz, sondern Schrott.

Verscharrt wie ein Hund

Viele Menschen lassen sich verscharren wie ein Hund, schrieb ich vor Jahren einmal. Immer mehr anonyme »Gräber« ohne Namensschild, verstreute Asche in Wäldern und auf See. Keinerlei Erinnerung und Gedenken, als hätte man nie gelebt. Noch nicht einmal eine Trauerfeier, geschweige denn eine christliche Beerdigung. Einfach entsorgt. Aus und vorbei. Dabei gibt es doch in unserer Sprache so tiefsinnige Wörter wie letzte Ehre, Ruhestätte, Grabpflege oder Erinnerungskultur.

Verscharrt wie ein Hund? Das muss ich zurücknehmen, um der Wahrheit die Ehre zu geben. So las ich in meinem traditionellen Wallis-Urlaub von Familie Schulze aus Norddeutschland. Sie bestattete ihren geliebten Border

Collie Rolf in einer aufwendigen Abschiedszeremonie auf einem Tierfriedhof nahe Basel. Sie reisten die 846 Kilometer mit Familie und totem Tier in die Schweiz, weil der Hund dort mit ihnen so gern im Urlaub war. Rund 1 400 Tiere liegen dort inzwischen begraben, Hunde, Katzen, Zwerghäschen, Hamster, Wellensittiche. Selbst ein Pony und ein Hängebauchschwein haben auf diesem Tierfriedhof eine würdige Grabstätte gefunden und werden besonders zu Allerheiligen besucht, wenn zum Beispiel auch Familie Meier aus Hessen kommt, um die Gräber ihres verstorbenen Hundes Filou und ihrer Katze Felix zu schmücken.

Für umgerechnet tausend Euro gibt's diese Schweizer Zeremonien, ganz zu schweigen von Reise- und Hotelkosten. Diese Ehre würde ich auch Menschen gönnen. Aber die schreiben ja schon Patientenverfügungen, um ihren Kindern nicht zur Last zu fallen und ordnen an, anonym »verscharrt« zu werden, damit niemand sich die »Mühe« der Grabpflege machen muss. Ich habe mal guten Bekannten die Freundschaft gekündigt, weil sie (Erb-)Omas Asche in alle vier Winde zerstreuen ließen, »weil wir doch nun wirklich keine Zeit für Friedhofsbesuche und so einen Quatsch haben«. Pfui! Mich würde bei denen nicht wundern, wenn sie ihre Promenadenmischung feierlich in der Schweiz bestatten würden.

Was für eine arme Gesellschaft, die den Tod aus dem Leben verbannt. Er wird als Störenfried empfunden, den es zu verdrängen gilt. Den Toten wird die Würde ihres vergangenen Lebens genommen, und die Lebenden berauben sich der Hoffnung auf die letzte Ehre! Eine Gesellschaft ohne Trauerkultur ist ein Rückfall in die Barbarei. In meinem Heimatdorf ruhte in meiner Kindheit der Verkehr, wenn ein Trauerzug zum Friedhof ging, Männer nahmen die Kopfbedeckung ab, die Totenglocke läutete. Letzte Ehre. Heute: billig, kurz und schmerzlos. Kein Ort der Erinnerung, anonym. Offenbarungseid eines Kulturlandes der Dichter und Denker. Bankrott von Kirchen, die sich lieber um Stromtrassen statt um Lebensenergie angesichts des Todes kümmern. Für die ach so moderne Todeskultur in unserem Land habe ich nur Todesverachtung übrig und wünsche mit Galgenhumor, man würde wenigstens verscharrt wie ein Hund ...

Lehrt Not wirklich beten?

Noch nie war so viel Gebet. Als islamistische Terroristen Paris ins Visier nahmen und eine Blutspur von über 150 Toten hinter sich herzogen, meinte Bundesinnenminister Thomas de Maizière zu geschockten Reportern: »Wer beten kann, der tue es jetzt. Ich mache das.« Nach dem Absturz der deutschen Germanwings-Maschine über Frankreich titelte eine Zeitung: »Lieber Gott, steh uns bei!«. Seit Michael Schumacher nach seinem schweren Skiunfall aus der Öffentlichkeit verschwunden ist, gibt es kaum einen Prominenten, der nicht beteuert, für ihn zu beten, wenn er auf ihn angesprochen wird. Sportler und Formel-1-Funktionäre, die mir bisher nie durch Frömmigkeit aufgefallen sind, haben Kerzen in Kirchen angezündet und ein Vaterunser gebetet, wie sie sagen. Ich finde das bemerkenswert, frage mich allerdings, ob all diese »Notbeter« wissen, was ein Gebet überhaupt ist. Auf jeden Fall ist Beten nicht Körperhaltung, sondern Lebenshaltung. Wer sich allein in der Not auf Gott besinnt, setzt sich dem Verdacht aus, ihn zum Erfüllungsgehilfen und Ablassautomaten zu degradieren. Gott ist nicht der Notnagel, wenn wir mit unserem Latein am Ende sind.

Beten will gelernt, gelebt und geübt sein. Zum Beten gehört auch das Danken. Und da beginnt das Problem: In guten Tagen glauben viele, Gott nicht nötig zu haben, ja, er stört sogar mit seinen Geboten unsere Gebete. Nach meiner Erfahrung stimmt die Volksweisheit »Not lehrt beten« nicht. Ich habe mehr Menschen erlebt, die Not verbittert hat. Das Gebet ist entweder alltägliche Lebenspraxis und damit nachhaltig, wie es neudeutsch so schön heißt. Oder es wird zu einem einmaligen Aufschrei, der so schnell wieder verhallt, wie Schicksalsschläge oder die Bilder davon verblasst sind.

Dietrich Bonhoeffer, ein Märtyrer des Dritten Reichs, antwortete, als er vor seiner Hinrichtung gefragt wurde, warum er so gelassen ist: »Weil ich Gott in gesunden Tagen gefunden und mit ihm gelebt habe, weiß ich, dass er auch jetzt in der Not meine Gebete erhört.« Glaubenserfahrung und Gewissheit von Gebetserhörung sind zwei Seiten derselben Münze. Warum soll Gott mich erhören, wenn er mir ansonsten gleichgültig ist? Warum sollte er offene Ohren für jemand haben, der seine Ohren vor ihm verschließt? Auch das Gebet zu Gott und das Hören auf Gott sind zwei Seiten derselben Medaille. Der dänische Philosoph Søren Kierkegaard beschreibt das so: »Ich meinte erst, Beten sei Reden. Ich lernte aber, dass Beten nicht bloß Schweigen ist, sondern Hören.« Insofern gehören Gebete und Gebote zusammen.

Damit kann man nicht früh genug anfangen. Schade, dass das »Komm Herr Jesus, sei Du unser Gast« durch »Piep, piep, piep, wir haben uns alle lieb« als Tisch-»Gebet« ersetzt wurde. Das ist so, als wären Astronauten von der Rakete aufs Fahrrad umgestiegen. Nichts ist doch wichtiger, als Kinder früh zur Dankbarkeit zu erziehen und zu demonstrieren, dass Lebensmittel nicht selbstverständlich sind. Ich freue mich jedes Mal, wenn ich im Lokal sehe, wie jemand vor dem Essen den Kopf kurz senkt, manche bekräftigen ihr stilles Gebet sogar mit dem Kreuzzeichen. Das ist kein Zeichen frömmelnder Schwäche, das ist charakterliche Stärke.

Zum Gebet gehört auch die Fürbitte, das Beten für andere. Niemand hat das so schön beschrieben wie Martin Luther: »Fürbitte heißt: Jemandem einen Engel senden!« Sollte man da nicht mal wieder anfangen zu beten?

Mutigen Reportern bin ich dankbar

»Die Pressefreiheit in diesem Land ist ungewollt sein Vermächtnis, weil er sie einschränken wollte«, sagt der Schauspieler Francis Fulton-Smith über Franz Josef Strauß, den er in einem ARD-Film über die *Spiegel*-Affäre darstellt. Er hat recht, denn kaum ein Ereignis hat in der Bundesrepublik Deutschland das Bewusstsein für die Freiheit der Presse so sehr geschärft wie diese Affäre 1962. So haben Ereignisse, die einen selbst oder eine ganze Nation aufwühlen, im Nachhinein oft etwas Gutes. Und sei es die Meinungs- und Pressefreiheit, die so selbstverständlich im Grundgesetz steht, dass wir gar nicht darüber nachdenken, wie hoch ihr Wert ist und um welchen Preis sie erkämpft wurde. Dass Demokratie kein Selbstläufer ist, daran soll der »Tag der Pressefreiheit« erinnern, der jedes Jahr am 3. Mai begangen wird.

Es gilt für Journalisten, nicht Partei zu ergreifen, sondern unvoreingenommen, umfassend und ausgewogen zu berichten und zu recherchieren. Das gilt besonders da, wo die Wahrheit vertuscht werden soll. Investigativ im besten Sinn hat ja nichts Kriminelles oder Hinterhältiges. Bei allem sollte als oberstes Gebot die Fairness gelten. Auch dass man immer mit bedenkt, was man mit Nachrichten anrichtet. Menschen zu zerstören, Familien und vor allem Kinder mitzureißen, das hat mit der berechtigten Aufklärung von Skandalen nichts zu tun. Das ist menschenverachtend. Dazu gehört auch die Frage, welche Bilder man veröffentlicht und wann Recherche zur Kampagne wird.

Nicht nur zum »Tag der Pressefreiheit« sollte es gehören, für alle Kollegen einzutreten und an die zu erinnern, die Leib und Leben aufs Spiel setzen, wenn sie aus Kriegs- und Krisengebieten berichten und die Verbrechen von Diktatoren aufklären. Allein im Jahr 2015 mussten mehr als 110 Journalisten und rund 40 Internet-Blogger ihren Einsatz für die Pressefreiheit mit dem Leben bezahlen, 87 wurden entführt, 178 sitzen in Haft. Zu den gefährlichsten Ländern für Journalisten gehören laut Menschenrechtsorganisation »Reporter ohne Grenzen« die Konfliktgebiete Syrien,

Somalia, Pakistan, Irak und die Palästinensergebiete. Uns Deutsche hat der Mord an der Kriegsfotografin Anja Niedringhaus besonders erschüttert. Anfang April 2014 wurde die Pulitzer-Preisträgerin in Afghanistan auf offener Straße von einem Polizisten erschossen.

Die meisten Kriegs- und Krisenreporter sind keine Abenteurer, die leichtfertig ihr Leben aufs Spiel setzen. Sie tun es im Kampf um die Wahrheit und gegen die Propaganda regimetreuer Agenturen. Aus der sicheren Distanz meines Berliner Schreibtisches bin ich dankbar für die mutigen Reporter, die sich immer wieder in den Kampf um Wahrhaftigkeit wagen. Danke, Kollegen!

Klarer Sieg für Bargeld-Fans

Schweden hat sich entschieden. Nach empörten Protesten aus der Bevölkerung »Finger weg von unserem Bargeld!« will das nordische Land nun nicht nur das Bargeld behalten, sondern erneuert die Kronen-Scheine sogar generell. Bis zum Sommer 2017 wird in einer Großaktion das Bargeld nicht vernichtet, wie es die Regierung einmal vorhatte – im Gegenteil, die 335 Millionen Scheine, die derzeit im Umlauf sind, bekommen neue Motive und Farben. Zwar wird in keinem europäischen Land so viel mit Karte oder Handy bezahlt wie im Königreich von Carl Gustav und Silvia, aber so ganz wollten sich die Bürger nun doch nicht von den alten Gewohnheiten trennen. Das Hauptargument, bargeldloses Bezahlen sei sicherer, hat sich bekanntlich in letzter Zeit als heiße Luft und falsche Versprechung erwiesen. Klar, es kann einem die Geldbörse gestohlen werden, man kann Geld verlieren oder sich zum eigenen Nachteil verzählen. Doch was ist das gegen die dramatisch ansteigende Internet- und Kreditkarten-Kriminalität?! Da sind dann gleich ein paar Hundert oder Tausend weg; Summen, die niemand bar bei sich tragen würde.

Weltweit wollte Schweden Vorreiter für eine bargeldlose Gesellschaft werden. Daraus wird nun nichts. Vier von fünf Einkäufen erledigen die Schweden digital, sogar das Feuerzeug oder ein Kaugummi werden meist per Karte bezahlt. In Bussen und Bahnen kann man mit Münzen nichts mehr anfangen, was Touristen zur Verzweiflung treibt. Mit einer deutschen Bankkarte einen Stockholmer Bus zu bezahlen, wenn hinter einem die Warteschlange tobt – viel Vergnügen! Nein, es bleibt auch in Schweden der Grundsatz gültig: »Bargeld ist die einzige Bezahlform, die immer funktioniert und weder von Strom noch von intakter Technik abhängig ist.«

Ausgerechnet in Schweden ist der Traum vom Ende des Bargelds nun also ausgeträumt. Ein Signal, das auch der Euro-Raum hören sollte! Bargeld ist ein Menschenrecht, das unkontrollierbare Freiheit garantiert. Digitales Einkaufen schafft dagegen den gläsernen Menschen, dessen Konsumverhalten bis in den letzten Cent aufgespürt und kontrolliert werden kann. Und das ist selbst den wirtschafts-liberalen Skandinaviern des »Guten« zu viel. Beachtenswert ist: Die Stockholmer Regierung lässt ihren Bürgern die Alternative »bar oder per Karte«. Das nennt man Demokratie! Jetzt sind die Schweden zufrieden, und die Parteien hoffen auf dankbare Wahl-Bürger. Heiß diskutiert wird im Land nur noch über die Motive, die die neuen Scheine zieren sollen. Warum ist Frau Astrid Lindgren nur zwanzig Kronen wert, Herr UNO-Ex-Generalsekretär Dag Hammarskjöld dagegen stolze tausend, fragen die Feministinnen. Warum fehlt der frühere Ministerpräsident Olof Palme, während die wegen angeblicher antisemitischer Sprüche umstrittene Sopranistin Birgit Nilsson auf den 500-Kronen-Schein gedruckt wird, erregt sich das Feuilleton. Egal, womit die Schweden ab 2017 zahlen. Hauptsache bar! Der Bargeldaufstand hat sich gelohnt!

USA, Uniformen und der Respekt vor Staatsdienern

Der athletische Mann vor mir in der Kassenschlange sah in seinem tarnfarbenen Overall aus wie frisch von der Militärübung. »Thank you for your service«, meinte die freundliche, junge Kassiererin, als sie ihm das Wechselgeld zurückgibt. Während sie im Outlet Center im kalifornischen Gilroy meine Ware einscannt, frage ich neugierig, was sie damit gemeint habe: »Danke für Ihren Dienst.« Diese Anerkennung schlägt sich auch in Dollar und Cent nieder. Armeeangehörige bekommen hier einen Sonderrabatt, wie es fast überall in den USA üblich ist. Ganz gleich ob Disneyland oder Seaworld: überall Discount für Uniformierte, für Kriegsversehrte sogar freier Eintritt. Beim Skifahren in Park City oder im Deer Valley Resort (Utah) sieht man, wie Soldaten ihr »Military Ticket« als Ausweis für Tapferkeit am Hals baumeln haben. Unsere Bundeswehrsoldaten erfahren dagegen Beifall meist nur, wenn sie (was gar nicht ihre Aufgabe ist) als Hochwasser-Helfer Sandsäcke schleppen.

Ich verbringe seit fast zwanzig Jahren jeweils den November in den USA und profitiere immer wieder (unfreiwillig) von den Vergünstigungen des Veteran Days, einem Feiertag am 11. November, dem Tag des Waffenstillstands im Ersten Weltkrieg. Dabei habe ich wegen Sehschwäche noch nicht mal Grundwehrdienst geleistet, obwohl ich es nach dem Abitur und trotz Theologiestudiums ausdrücklich wollte. Ich war wohl der Einzige meines Jahrgangs, der gegen die Ausmusterung in die »Ersatzreserve Zwei« Protest eingelegt hat, und das in der wilden 1968er-Zeit ...

In Israel habe ich als Schüler diese Hochachtung vor Uniformierten zum ersten Mal erlebt, während damals Soldaten in Deutschland laut wirrem Gerichtsbeschluss als »Mörder« verhöhnt werden durften. Ob in den Egged-Bussen, in Schwimmbädern oder in Restaurants: Soldatinnen und Soldaten hatten immer freien Eintritt oder stark ermäßigte Preise – ähnlich wie in den USA, wo Feuerwehrleute als Helden gefeiert werden und Polizisten qua Amt Respekt entgegengebracht wird, weil sie Staatsdiener im wahrsten Wortsinn sind. Manche Schnellimbiss-Kette druckt sogar auf den Rabatt-Kassenbon: »Thank you for your service.« Ob die jugendlich-flippigen Käufer der Crocs-Schuhe in Deutschland wohl wissen, dass die Amis in den US-Stammgeschäften auf die Kassenbons ein »Heroes Discount« drucken?! Heldenrabatt! Für Kriegsversehrte fast auf null – während bei uns sogar das Mahnmal für die gefallenen Bundeswehrsoldaten in die Provinz verbannt wird.

Das hat doch mit Obrigkeitsstaat und Untertanengesinnung nichts zu tun, wenn ich es unerträglich und würdelos finde, dass nicht wenige Polizisten und Soldaten in Deutschland nach Dienstschluss als Erstes ihre Uniform ausziehen (müssen), um in der U-Bahn, im Bus oder auf der Straße nicht angepöbelt zu werden. Wie verkommen ist ein Denken, das diese Frauen und Männer zwar die Drecksarbeit machen lässt, ihnen aber den nötigen Respekt verweigert. Und dieser Respekt kann sich auch in Euro und Cent ausdrücken, Israel oder die USA, aber auch viele europäische Nachbarstaaten gehen mit gutem Bespiel voran.

Der Filmemacher Axel Rothkehl, der für ARD und ZDF mehrfach aus Afghanistan berichtet hat, erhielt für seine Arbeit den Medienpreis »Goldener Igel« des Reservistenverbandes. Was ihn denn besonders beeindruckt habe, wurde er bei der Preisverleihung in Berlin gefragt. Bei der Weihnachtsfeier im US-Camp in Kabul, erzählte er, hätten auch die deutschen Kameraden Päckchen bekommen, die wildfremde Menschen aus den USA geschickt haben, was dort Tradition ist. Einer konnte sogar einen MP3-Player auspacken. Doch etwas anderes habe die Soldaten viel mehr bewegt: »Fast alle Absender hatten ein Neues Testament beigelegt und im Brief aus der Heimat versprochen: Wir beten für euch! Das ist das Beste, was Soldaten im lebensgefährlichen Auslandseinsatz passieren kann – und den Journalisten auch.«

Köln-Katastrophe und Medien-Gau

Schlimmer geht's nimmer. Bereits im zweiten Halbjahr 2015 sank die Umfrage »Vertrauen Sie den Medien?« in den Keller. Unabhängig voneinander ermittelten so renommierte Institute wie Allensbach oder INSA, dass mehr als die Hälfte der Bevölkerung ihr Vertrauen in Presse, Funk und Fernsehen verloren hat. Ein Jammer, denn das höchste Kapital für Journalismus ist die Glaubwürdigkeit. Wenn die angekratzt ist, gilt das als Alarmzeichen ersten Ranges. Doch wer dachte, dass man jetzt alles tut, um diese Schock-Umfragen wettzumachen, sah sich ge- und enttäuscht. Gleich zu Jahresbeginn 2016 der Gau: Köln. Erst als das Internet glühte und Handyvideos vom Tatort die Runde machten, bequemten sich Politiker und Presseleute nach vier (!) Tagen, von den konzentrierten sexuellen Übergriffen Hunderter arabischer Männer auf Frauen rund um den Kölner Dom dem Anlass gemäß und ausführlich zu berichten. Immerhin gab es mehr als 800 Anzeigen und ähnliche Exzesse auch in anderen Städten.

Haarsträubende Entschuldigungen mussten herhalten: Man wolle erst Gewissheit haben, man kenne ja die Täter nicht, man habe die Dimension unterschätzt und was sonst noch im Ausrede-Arsenal zu finden war. Jeden Pressesprecher einer Firma, der sich ähnlich verhält, vierteilt dieselbe Meute, die jetzt das unterließ, was den Beruf ja eigentlich ausmacht: recherchieren und informieren. Von der sonst so hochgelobten Investigation, für die sich Journalisten gerne gegenseitig Preise verleihen, keine Spur. Kein Hauch Eigenrecherche, die zum Standard jeder Ausbildung gehört.

Man habe verhindern wollen, dass die Bevölkerung alle Migranten und Flüchtlinge »unter Generalverdacht« stellt. Dumm nur, dass man damit in Wahrheit das Volk unter Generalverdacht stellt, wie *BILD*-Chefredakteurin Tanit Koch kommentierte (7.1.2016). Die sprachpolizeilichen Zensoren trauen ihm wohl nicht zu, unterscheiden und differenzieren zu können. Doch Aufgabe des Journalismus ist es, »Leuchtturm« zu sein, wie Ex-ZDF-Intendant Markus Schächter einmal sagte. Informationen zu verschweigen, weil man das Volk für blöd hält, ist Berufsboykott und Offenbarungseid pur. Man muss Informationen bringen *und* einordnen helfen, das ist das Handwerkszeug eines Journalisten. Und nicht, auf die Nachrichten zu verzichten aus Angst, die Leute könnten sich danach richten. Leuchtturm heißt, in der Nachrichtenflut Orientierung zum Verstehen und Bewerten geben.

Geschadet haben sich Medien, die »Köln« heruntergespielt haben, selbst. Und das ohne Not. Aber bei der Polizei war es nicht besser. Der (später gefeuerte) Kölner Polizeipräsident sagte noch fünf Tage nach dem Massenüberfall, man kenne die Täter nicht, während Berichte der Polizisten vor Ort bereits genaue Angaben enthielten. Wie dumm muss man sein, im Zeitalter von Twitter, Facebook und Handyvideos zu meinen, man könne etwas geheim halten.

Was hat das Kölner Gutmenschentum bewirkt? Auf jeden Fall nichts Gutes. Man hat exakt den falschen Leuten in die Hände gespielt, die sich nun bestätigt fühlen. Man hat dem eigenen Berufsstand einen Bärendienst erwiesen, der nun noch mehr in Misskredit geraten ist. Das gilt vor allem für die Politik. Fassungs- und hilflos steht der mündige Bürger am Rand und sieht, wie die Akteure das letzte Porzellan zerschlagen, was nach der ohnehin kritisierten Flüchtlingsberichterstattung noch heil war. Wahrheit ist immer noch die beste Waffe gegen Verschwörungstheorien.

Innen-Einsichten eines gewöhnlichen Fremdenfeindes

So überschreibt ein Berliner Pfarrer eine Mail, die er mir Mitte Januar 2016 vertraulich schickte. Diesen Sarkasmus hätte ich ihm gar nicht zugetraut. Der Mann ist alles andere als kämpferisch-konservativ, er und seine Frau sind sozial engagierte Seelsorger, beliebt in ihrer Gemeinde, geachtet in der Gesellschaft. Gute Taten statt wohlfeiler Worte prägen ihren Alltag. Keine Scharfmacher, sondern biblisch orientierte Leute, denen gerade Nichtchristen oder Angehörige anderer Religionen hohen Respekt entgegenbringen. Schrilles Geschrei ist ihre Sache nicht. Umso erschütternder das, was der Pastor, im Nebenamt Studentenpfarrer, mir schreibt – und einem Kreis von Freunden, die ihm dringend rieten, das zu veröffentlichen. Deshalb mit Erlaubnis hier der Text, der mich persönlich ungemein aufgewühlt hat. Anlass: die schreckliche Kölner Silvesternacht 2015/16, in der ein Mob meist aufgebrachter Araber über hunderte Frauen hergefallen ist – und was der Berliner Pfarrer zwei Wochen später am eigenen Leib erlebte:

»Köln ist weit weg für den Berliner. Und doch so nah. Als ich gestern auf dem Weg von der Arbeit zu einem Abendessen mit Bundestagsabgeordneten unterwegs war, wo wir gemeinsam eine Tagung zur Völkerverständigung planen wollten, pöbelte mich im Vorübergehen eine aggressive Gruppe von jungen Männern an. Da dies kein Polizeibericht ist, kann ich freimütig zugeben: Es waren Araber, die mich am Arm packten und in eine Ecke ziehen wollten. Gern hätte ich die wohlmeinenden Ratschläge aus Köln beherzigt und eine Armlänge Abstand gehalten. Aber es war zu spät für mich.

›Ich‹, dahinter verbirgt sich ein evangelischer Pfarrer, der in seiner Gemeinde eine sozialdiakonische Arbeit mit Flüchtlingen in einem Berliner Brennpunktviertel verantwortet. Der in den vergangenen Monaten auch privat zwei eritreische Flüchtlinge betreut hat, die im selben Haus wohnten. – Kurz gesagt: ein ganz normaler Fremdenfeind, wie er in Deutschland vermutlich hunderttausendfach zu finden ist. Fremdenfeind? – Das kann doch nicht sein! Doch doch, das bin ich. Allerdings nur, weil es sich bei dem Wort um eine ideologische Begriffsbildung handelt, die weniger Realitäten beschreiben denn Wirklichkeit umprägen will. Nur wer ein bestimmtes Gesellschaftsschema von selbstrelativierender Multikulturalität befürwortet, erhält den Adelsschlag des Fremdenfreundes. Alle anderen agieren im Bereich der Fremdenfeindlichkeit und werden mit allerlei psychologischen Diagnosen versehen, die auf -phobie auslauten.

Dazu reicht es im Grunde aus, sich Sorgen zu machen, in welche Zukunft unser welt- und grenzoffenes Land angesichts der neuerlichen Gewaltexzesse driftet. Sogar über den Verteiler der evangelischen Kirche wurde diese Woche zu einer Demonstration gegen Menschen aufgerufen, die solche Sorgen umtreiben. In der Mail heißt es: ›*Besorgte Bürger*innen* wollen gegen die Islamisierung des Abendlandes mobilmachen und ihre fremdenfeindliche Hetze in unsere Stadt tragen.‹ Besorgnis ist nicht erwünscht. Kampf ›gegen Rechts‹ ist angesagt. Folgerichtig hat sich die Berlin-Brandenburgische Kirche dem Kampf gegen rechte Gewalt verschrieben, vielleicht, weil Steine, die von Rechten geworfen werden, besonders wehtun im traditionell linken Berlin.

Aber ich habe noch mehr auf dem Kerbholz, das mich zum Fremdenfeind stilisiert. Gelegentlich beherbergen wir junge Frauen, die in ihren Familien durch sogenannte Ehrenmorde bedroht werden und fliehen mussten. Dieser Themenkomplex sich bildender Parallelwelten mit häuslicher Gewalt, patriarchalen Clanstrukturen, Scharia-Gerichten und No-go-Areas lässt selbst hartgesottene Frauenrechtlerinnen einsilbig werden und passt nicht in unsere bunte Multikulti-Welt. Beobachtungen in diesem Bereich sind nur zulässig mit dem Routine-Disclaimer: ›Das hat nichts mit ... zu tun‹ (Sie wissen schon!).

Psycho-hygienisch ist diese Art der Unterdrückung von Sorgen sowie von Nachrichten und Themen, die in den angestrebten Gesellschaftsentwurf diskursbestimmender Eliten nicht passen, für unser Land kontraproduktiv. Es findet eine Verdrängung statt, die sich medial in der wachsenden Diskrepanz zwischen öffentlicher und veröffentlichter Meinung bemerkbar macht. Politisch zeitigen sich

Verwerfungen dann mit zu erwartenden heftigen Wirkungen an anderer Stelle. Der eine als Wutbürger. Der andere abgeklärt und in aller Stille in der Wahlkabine. Besser, weil verträglicher für unsere Gesellschaft, wäre ein Diskurs ohne Stigmatisierungen und Etikettierungen aus dem Reich der Psychopathologie. Keine Maulkörbe. Keine Denkverbote. Aber volles Eintauchen in die Realitäten, die sich uns jetzt zum Teil schmerzhaft bieten.

Was wurde aus der Begegnung mit den Arabern im U-Bahnhof? Als die Situation bedrohlich wurde, schaute ich den Anführer der Gruppe sehr freundlich an und dankte ihm (die Situation umdeutend) sehr, dass er mir helfen wolle, das richtige Gleis zu finden. Ich versicherte ihm, ich würde es jetzt auch alleine schaffen. Die kurze Verwirrung nutzte ich, um mich loszureißen und in die einfahrende U-Bahn zu springen. – Psychologie kann Leben lähmen. Sie kann ihm aber auch Beine machen.«

Diese Worte sprechen für sich. Kommentar überflüssig. Die genannte Demo wurde laut Polizei »ein Gewaltexzess nie geahnten Ausmaßes«, und am selben Tag meldete sich eine muslimische Femen-Aktivistin in der *WELT* zu Wort, die über die Erziehung ihrer Glaubensgenossen zu aggressiven Machos berichtete. Auch sie als Feministin ohne Schaum vor dem Mund, sachlich und ruhig und ohne Angst vor der Rache der »Verleumdeten« und der Gutmenschen. Ich muss an das zentrale Bibelwort von Jesus Christus denken: »Nur die Wahrheit wird euch frei machen.«

Vom Freund und Helfer zum Feind und Hassobjekt

Zu dem Foto seines sieben Monate alten Sohnes Henry schrieb er bei Facebook: »Ein Papa kann vieles ersetzen, doch niemand kann einen Papa ersetzen.« Vier Wochen später war er tot, der 46-jährige Polizei-Oberkommissar Christoph R. aus dem hessischen Herborn, an Heiligabend erstochen von einem Kleinkriminellen, den er kontrollieren wollte. Und nun wird dieser Polizist im Internet von linken Spinnern verhöhnt. Ein doppeltes Verbrechen! Auf einer Internetseite für Mitglieder, also namentlich bekannten Leuten, schreibt ein »Zeiti« unter der Überschrift »Solidarität mit dem Polizistenmörder« u. a.: »Jetzt ist ein Beamter tot und der zweite schwebt in Lebensgefahr, trotz schuss- und stichsicheren Westen. Wie dumm muss man eigentlich sein?!« Ein Kollege war dem Polizisten zu Hilfe geeilt und hat, leider zu spät, auf den Messerstecher geschossen. »Dann auf Menschen zu schießen ist einfach nur mal wieder typisch ›Bullenschwein‹, dumm wie Brot ... der gehört zu Recht abgestochen.« Allein für das Wort »Bullenschwein« gehörte man eingesperrt, doch bei uns wird man ja sogar freigesprochen, wenn man Soldaten als Mörder bezeichnet. Wie bekloppt sind wir denn eigentlich?! Und es wäre keinesfalls unmöglich, wenn sich im Prozess um den ungeheuerlichen Polizistenmord erst mal der Kollege für seine Schüsse verantworten muss. Verkehrte Welt.

Als ich die junge Polizistin, die an der bayerischen Grenze einen Zwölf-Stunden-Tag hat und anschließend todmüde ins Bett fällt, weil sie den Flüchtlingsstrom dieser »Wir-schaffen-das-Lyrik« ausbaden muss, in meiner Sendung fragte: »Wie ertragen Sie diesen Beruf, der obendrein noch unterbezahlt und lebensgefährlich ist?«, antwortete sie ohne Zögern: »Ich liebe meinen Beruf und weiß ja, auf was ich mich eingelassen habe, deshalb kann ich nicht meckern.« Von solchen Frauen und Männern lebt unser Staat. Von Polizisten, die sich nicht entmutigen lassen und ihren Beruf als Berufung empfinden. Dennoch: Die linke Saat geht auf, wo man Polizisten als »Bullen« diffamierte, sie nach Demo-Einsätzen vor Gerichte zerrte, ihnen jegliche Autorität absprach. Was Beamte einem berichten, geht unter die Haut: angepöbelt, angespuckt, angerempelt, verprügelt oder mit Steinen beworfen. Und am 1. Mai in Berlin, wo Polizisten sozusagen zum Abschuss freigegeben sind, hängt das bekloppte bürgerliche Volk in den Fenstern und schaut zu. Was zum Beispiel die Polizistin Tania Kambouri berichtet, die in Talkshows unerschrocken die unkorrekte Wahrheit sagt, lässt einem die Haare zu Berge stehen: Es sind meist radikalisierte junge Muslime, die eine Beamtin wie den letzten Dreck behandeln. Warum schweigen wir dazu? Warum lassen wir uns von ideologischen Schönrednern entmündigen?

Selbst harmlose Kontrollen wie an Heiligabend in Herborn können lebensgefährlich sein. Und weibliche Beamte haben ohnehin kaum Chancen, dafür sorgt schon der arabisch-muslimische Mob, und der Staat verweigert den Staatsdienern den Schutz, indem das auch noch mit Multi-Kulti-Geschwätz verharmlost wird. Es ist ein rechtsstaatsgefährdender Bankrott der Politik, wenn Polizisten sich in bestimmte Häuser und Straßen nicht mehr trauen, weil dort das »Recht« von Scharia oder Rockerbanden herrscht. Es bedurfte erst der Silvesternacht von Köln (2015/16), damit offen darüber berichtet wurde, dass es sogenannte »No-go-Areas« mitten in deutschen Großstädten gibt. Zum Jahresende 2015 berichtet ein Beamter eines Landeskriminalamts in den *Lübecker Nachrichten*, dass die Kollegen angewiesen seien, solche Fälle »in der Darstellung sehr herunterzuspielen«. Vor allem Delikte von Flüchtlingen, »um die Öffentlichkeit nicht in ungewollter Weise gegen die Zuwanderer einzunehmen«. Das hessische Innenministerium musste zugeben, entsprechende Anweisungen an die Polizei gegeben zu haben. Haben diese Gutmenschen-Politiker eigentlich bedacht, dass sie damit die gesamte Bevölkerung unter den Generalverdacht stellen, auf wahre Nachrichten pauschal mit Ausländerfeindlichkeit zu reagieren?! Mehr Entmündigung geht nicht! Ich empfehle zur Willkommenskultur eine Wahrheitskultur, zwei Seiten derselben Medaille.

Immer mehr Polizisten sterben im Dienst, immer mehr werden krankenhausreif geprügelt oder psychisch fertiggemacht. Immer mehr Ehen gehen daran kaputt, immer mehr scheitern mit ihrem Leben an Alkohol, Depression, Drogen. Wann werden wir eigentlich endlich wach, um zu erkennen: Die, die unseren Schutz garantieren, müssen von uns geschützt werden, indem wir uns eindeutig auf ihre Seite stellen und bereits jeden Ansatz von verachtendem Spott ächten. Dafür habe ich mich in all meinen Berufsjahrzehnten eingesetzt und antworte, wenn ich nach der wichtigsten Auszeichnung meines Lebens gefragt werde: Ehrenkommissar der bayerischen Polizei. Ich freue mich auf die jährlichen Nürnberger Gottesdienste der »Christlichen Polizeivereinigung« (cpv) und unterstütze die Stiftung der Deutschen Polizeigewerkschaft, die sich um die Angehörigen der Opfer genauso kümmert wie um die, denen der Beruf schweren Schaden an Leib und Seele zugefügt hat.

Es ist zu wenig, wenn in Sonntagsreden Polizisten hochgejubelt werden, sie dann aber bei Ausrüstung, Gehalt, Dienstzeiten oder vor Gericht im Stich gelassen werden. Wir dürfen nicht dulden, dass diese Frauen und Männer verheizt werden, während Politik und Kirche lyrische Lieder über Meinungs- und Demonstrationsfreiheit und das großartige Multi-Kulti singen und steil behaupten: Wir schaffen das. WIR schaffen gar nichts, einen großen Anteil haben die Polizisten. Und denen sind allein im Land Berlin in den letzten Jahren 1800 Stellen gestrichen worden. 1800! Gestrichen! Wann werden eigentlich die zur Rechenschaft gezogen, die permanent ihren Amtseid brechen: »... Schaden vom deutschen Volk zu wenden«?! Eine Demokratie lebt von Bürgern, die den Mund aufmachen und sich nicht entmündigen lassen. Dazu will auch dieses Buch provozieren, wobei ich Überspitzungen einkalkuliert habe.

Heimat und Hauptstadt

Heimat ist dort, wo man sich versteht. Zu Weihnachten habe ich das – wie alle Jahre wieder – in meinem westfälischen Heimatdorf praktisch erlebt. Die Küche und Gerüche, die Sprache und Traditionen. Man fühlt sich sofort zu Hause. Seit über sechzig Jahren immer im Elternhaus mit seinen schönen Weihnachtsritualen, in der Christmette mit dem immer gleichen, zu Herzen gehenden Programm. Dabei hatte ich zum 3. Advent 2015 ein Interview gegeben, das in fast allen katholischen Bistumsblättern erschien – mit einer unglaublichen Resonanz. Als der Reporter mich nach Weihnachten fragte, donnerte ich ihm entgegen: »Mir graust es schon vor dem Heiligen Abend, was man da alles von der Kanzel zu hören bekommt!«

Mir ging es dann jedoch nicht wie einem allseits bekannten Auslandskorrespondenten, der mir in einer SMS schrieb: »Ich bin noch einmal in die Christmette gegangen. Was ich hörte, war das Gelaber eines Gleichstellungs- und Flüchtlingsbeauftragten.« Keine Silbe Frohe Botschaft, keine. Selbst bei den Bischofsworten zum ›Fest‹ habe ich mich gefragt, was wir da eigentlich feiern. – Polit-Sprech von Leuten, die weder in ein Parlament gewählt sind noch irgendwelche politische Verantwortung tragen. Ich bin es leid, im Ton eines grün-theologischen Fundamentalismus religiös verprügelt zu werden. Meine (partei-)politische Meinung – und wie ich zum Beispiel die Flüchtlingskrise beurteile – bilde ich mir aus der Nachrichtenlage, nicht aus pfarramtlichen Privatoffenbarungen in der Christmette. Diese elende Entmündigung von Christen, die wie Schäfchen behandelt werden, denen der Herr Pastor mal kurz diktiert, wie man politisch (korrekt!) zu ticken hat. Parteinahme »auch für das Gute«, wie Hanns Joachim Friedrichs uns Journalisten mit auf den Weg gab, verbietet sich erst recht für Kirche. Hier zählt das Verhältnis zu Gott und nicht zu einer Partei(-nahme). Diese pausenlosen politischen Plattitüden von Unberufenen lassen ja nur die Armut in deren Herzen erkennen. Denn wem das Herz voll ist, dem geht der Mund über.

Solche Herzensbotschaft erlebte ich in meiner Heimat: Heiligabend, überfüllte Kirche, viele Jugendliche. Und eine junge Pastorin, die kein einziges Mal das Wort »Flüchtling« in den Mund nahm und nicht eine Silbe Politreligion indoktrinierte. Kein einziges Mal! Keine Silbe! Nur pures Evangelium, Frohe Botschaft in Reinkultur, die die Herzen erreichte, den Verstand schärfte und Mut machte. Auch für die gesellschaftlichen Herausforderungen, ohne sie oberlehrerhaft zu benennen. Jeder wusste Bescheid. Eine Frau, die dem Evangelium etwas zutraut! Wie es viele Pastoren in ihren Gemeinden tun. Leider machen die anderen mehr von sich reden als die »Stillen im Lande«.

In Berlin setzt ausgerechnet der Fußball Weihnachts-Maßstäbe! Die »Alte Försterei«, Stadion des Zweitligisten 1. FC Union im tiefsten Osten An der Wuhlheide, am Tag vor Heiligabend mit 28 500 Besuchern überfüllt, die Karten seit Monaten ausverkauft. Was 2003 mit 89 (!) Fans begann, gehört für den meist atheistischen Berliner Osten inzwischen zur »Heimat«: Weihnachtslieder-Singen. Hunderttausend Kerzen, Kinderchor, Glühwein und Bratwurst. Es beginnt mit der Hymne von »Eisern Union«, dann geht es weiter mit »O du fröhliche«, »Alle Jahre wieder« bis hin zu »Stille Nacht«. 17 schöne alte Weihnachtslieder! Pures Evangelium! Das einzig gesprochene Wort: Die Weihnachtsgeschichte aus dem Lukasevangelium, eindrücklich verlesen vom 78-jährigen Pfarrer Peter Müller.

»Wenn Jesus und Fußball aufeinandertreffen«, titelte die *Berliner Morgenpost* ihren Artikel zur »eindrucksvollsten Missionsveranstaltung Deutschlands«. Ja, Jesus genügt. Mehr gibt es an Weihnachten ja auch nicht. Aber weniger sollte es nicht sein. Es geht auch ohne »Gelaber«. Und auch ohne Vorurteile, wie ich sie hatte. Es war eine echte Weihnachtsüberraschung, die ich in meiner Heimat erlebte.

Ähnlich wie an einem heißen Hochsommer-Sonntag in Berlin. Mit meinen Eltern fuhr ich zum Gottesdienst im Berliner Dom. Als der damalige Bischof Wolfgang Huber die Kanzel betrat, flüsterte ich meiner Mutter zu, die noch heute ein besseres Gehör hat als ich: »Blätter mal lieber ein bisschen im Gesangbuch, es wird jetzt bestimmt ganz schlimm.« Mein (Vor-)Urteil: Huber steht für linke Politik. Und tatsächlich begann er auch entsprechend, dass es ja gestern die Love-Parade in der Hauptstadt gegeben hätte ... Au weia! Doch dann legte er los, aber völlig anders als erwartet, eine Überraschung, die mir die Tränen in die Augen trieb: »Gestern war die Love-Parade. Rund eine Million junger Leute suchten nach Liebe und Frieden. Doch sie haben sich alle in der Adresse geirrt!« Wummmmms! Ich war platt, meine Mutter ganz Ohr: »Denn wahre Liebe gibt es nur bei Jesus Christus! Friede hat einen Namen: Jesus. Liebe hat einen Namen: Jesus.« Als wir uns später, gemeinsam im Rat der EKD sitzend, duzten, habe ich immer wieder davon erzählt, wie sehr mich dieser Gottesdienst mit seiner unerwarteten Predigt bewegt hat. Und Vorurteile abgebaut hat.

Als zum Jahreswechsel 2015/16 wieder das allgemeine Polit-»Gelaber« der neuen Theologengeneration einsetzte, konterte Wolfgang Huber, der immer noch ein gesellschaftspolitisches Schwergewicht ist, mit einem einzigen Satz, seiner Neujahrsbotschaft in knappster Form, auch von der Nachrichtenagentur *IDEA* in alle Welt getragen: »Wer seine Hoffnung auf Jesus Christus setzt, muss keine Angst haben.« Punkt! Oder besser: Amen!

Farbe bekennen! Rückgrat zeigen!

Peter Hahne
RETTET DAS
ZIGEUNER-SCHNITZEL!
Empörung gegen den
täglichen Schwachsinn.
Werte, die wichtig sind
128 Seiten
ISBN 978-3-86995-070-9

»MÜSSEN WIR UNS DIESEN TÄGLICHEN SCHWACHSINN WIRKLICH BIETEN LASSEN? HABEN WIR KEINE GRÖSSEREN PROBLEME ALS UNS TAGELANG ÜBER DIE POLITISCH KORREKTE BEZEICHNUNG VON SCHNITZELN ZU EREIFERN?«

Hier sind Peter Hahnes viel diskutierte Kolumnen zur nicht immer so hohen Politik und dem gar nicht so niedrigen Alltag. Stets ein klarer Standpunkt zu den Themen, die uns bewegen. Gegen die tägliche Verdummung, gegen die Gier, gegen Unmenschlichkeit. Für die Werte, die wichtig sind. Nichts ist so erfrischend wie Klartext.

Quadriga